AF545989

Natürliche Duftkerzen

Justine Roty
Ponoie

Natürliche DUFTKERZEN
- selber machen -

mit Blüten &
ätherischen Ölen

Bassermann

INHALT

So wird's gemacht!

Kerzen für's ganze Jahr

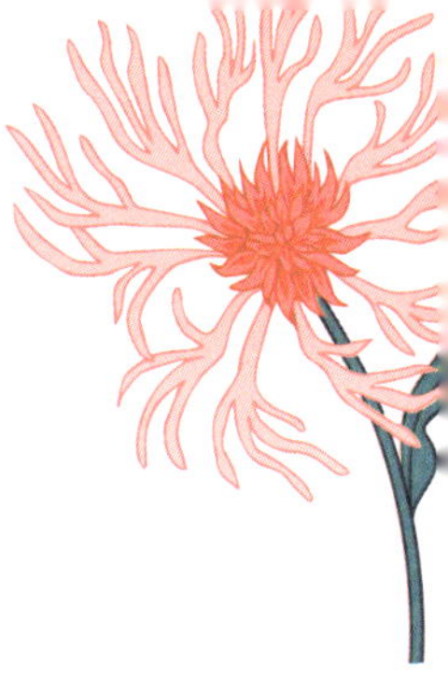

Düfte und Deko für jede Jahreszeit

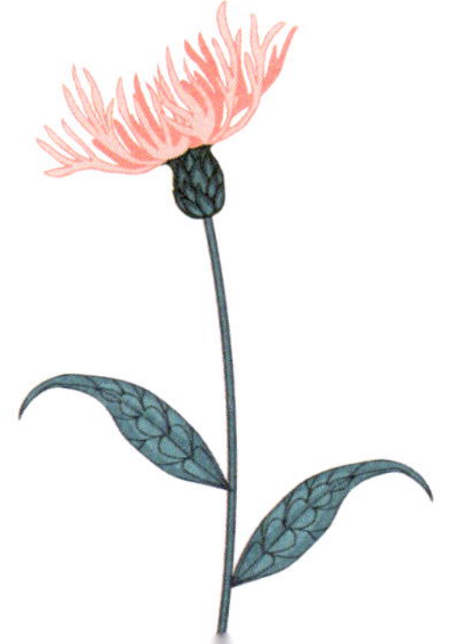

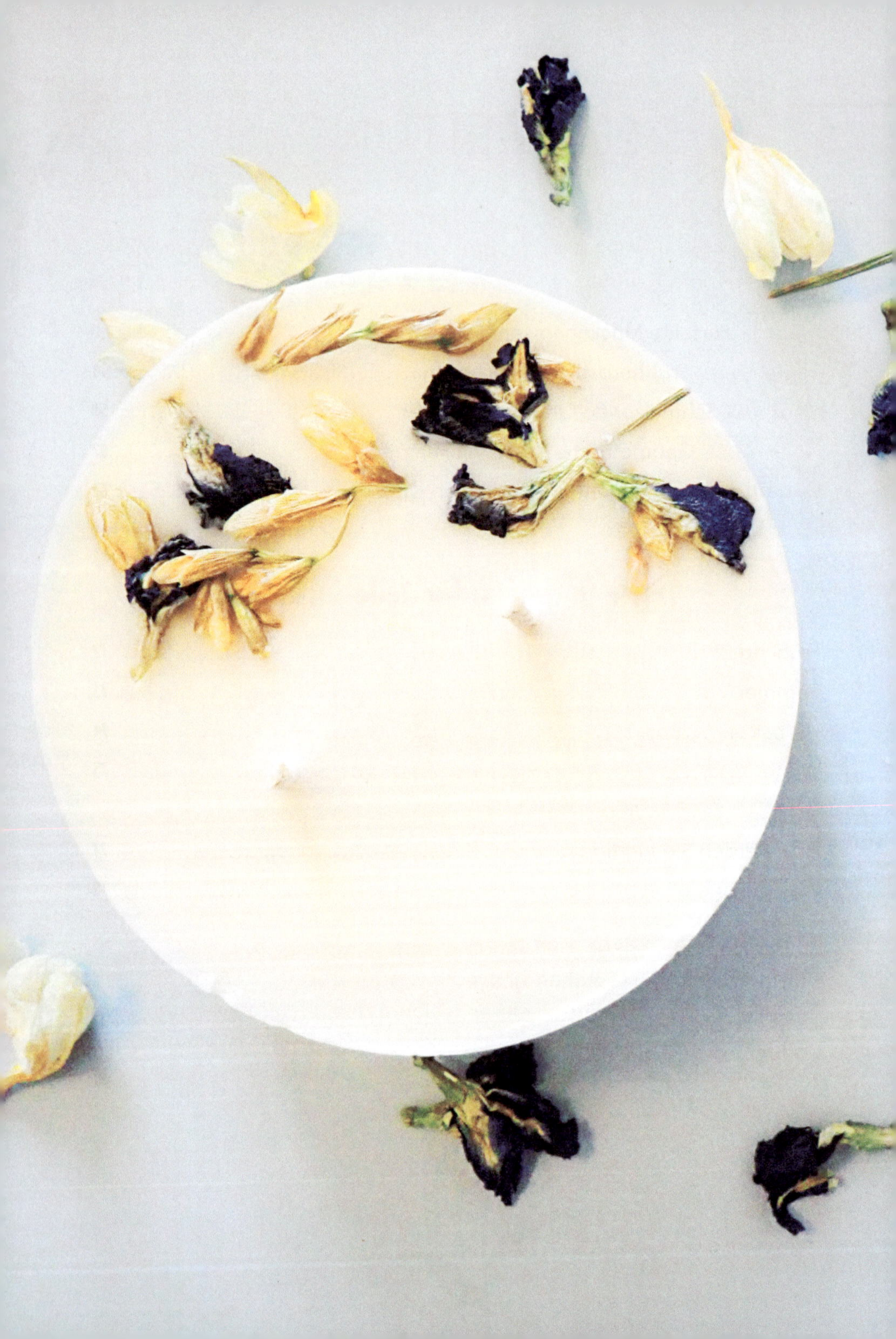

EINLEITUNG

Haben Sie schon einmal davon geträumt, in Ihren Räumen eine neue Atmosphäre zu erschaffen? Stellen Sie sich vor, Sie kommen nach Hause und fühlen, wie der Stress von Ihnen abfällt. Sie machen es sich gemütlich und relaxen.

Es gibt viele kleine Dinge, die angenehme Gefühle hervorrufen und uns dabei helfen, einen Ausgleich für den geschäftigen Alltag zu finden, aber eines davon ist tatsächlich allgegenwärtig: in großen Kaufhäusern, in kleinen Läden und auch in Ihrem Zuhause. Natürlich spreche ich von Kerzen! Sie hellen unsere Stimmung auf und im Kerzenschein wird uns immer gleich warm ums Herz, ganz egal ob gerade Frühling, Sommer, Herbst oder Winter ist.

Kerzen sorgen für ein angenehmes Ambiente und können betörende Düfte verbreiten. Sie ziehen uns in ihren Bann und wir zünden sie an, wann immer wir uns einen Moment der Ruhe gönnen möchten.

Aber woraus bestehen unsere Kerzen eigentlich? Stellen sie für uns und unsere Umwelt ein Risiko dar? Viele Kerzen werden aus Paraffinöl hergestellt, das aus Erdöl gewonnen wird. Glücklicherweise achten heutzutage immer mehr Menschen auf Umweltverträglichkeit und Nachhaltigkeit. Wer möchte die Luft in seiner Wohnung schon mit Schadstoffen oder synthetische Düften belasten!

Es gibt viele Alternativen zu diesen Billigprodukten, darunter Kerzen aus natürlichem Bienenwachs oder sogar aus Pflanzenwachs auf der Basis von Soja, Raps oder Jasmin.

Dieses kleine Buch hilft Ihnen dabei, selbst Kerzen aus verschiedenen Wachssorten und mit natürlichem Duft herzustellen. Schritt für Schritt wird anschaulich erklärt, wie Sie wunderschöne Kerzen für jede Jahreszeit kreieren können – von der Herstellung des Dochts bis hin zur Dekoration.

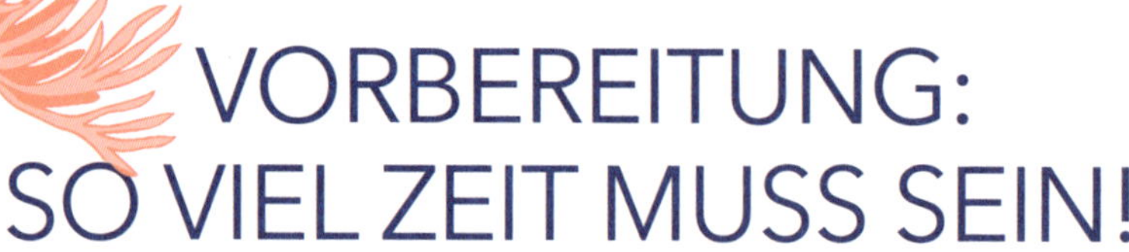

VORBEREITUNG: SO VIEL ZEIT MUSS SEIN!

Material

Zur Herstellung von Kerzen benötigen Sie verschiedene weiße Wachse, darunter Soja- und Rapswachs. Diese werden aus den gleichnamigen Pflanzenölen hergestellt und sind zu 100 Prozent natürlichen Ursprungs, nicht gentechnisch verändert und bestens für Kerzen geeignet. Sie verbreiten optimal die von Ihnen eingearbeiteten Düfte. Außerdem werden Sie Bienenwachs und weniger bekannte, natürlich duftende Blumenwachse kennenlernen, die durch ihre Subtilität punkten.

Hier finden Sie eine Liste mit dem Material, das Sie zur Herstellung von Kerzen benötigen. Die wichtigsten Gegenstände haben Sie vielleicht sogar in Ihrer Küche!

Am Ende des Buchs finden Sie eine Liste mit Adressen, bei denen die ungewöhnlicheren Zutaten erhältlich sind. Wachse, ätherische Öle, Farbstoffe – vieles können Sie auch online erwerben.

Um Ihre Kerzen herzustellen, benötigen Sie:

- **Pflanzenwachs** Es gibt zwei Sorten von Wachs: Wachs, das sich speziell für Kerzen in Behältern, wie Gläser oder Tassen, eignet, und Wachs für Stumpenkerzen, das sich nach dem Abkühlen einfach aus der Form lösen lässt. Die am weitesten verbreiteten natürlichen Wachse sind Soja- und Rapswachs. Sie sind geruchlos und somit die perfekte Basis für Ihre Kreationen.
- **Eine Waage** Ihre Küchenwaage ist absolut ausreichend.
- **Einen Topf** sowie mehrere **hitzebeständige Schalen**, zum Beispiel aus Borosilikatglas, zur Verwendung in einem Wasserbad. Sie können auch in eine spezielle Wasserbad-Schmelzschale aus Edelstahl investieren, in der Sie nicht nur Schokolade, sondern auch Wachs schmelzen können.

- **Einen Messbecher** (optional), mit dem Sie Ihr Wachs leichter in die kleinen Behälter füllen können.
- **Messpipetten**, um Ihre ätherischen Öle und Pflanzenextrakte zu dosieren.
- **Bleifreie Baumwolldochte.** In diesem Buch lernen Sie auch, wie Sie Ihre Dochte selbst wachsen können.
- **Metallfüße** für Baumwolldochte.
- **Holzdochte** mit Halter.
- **Ätherische Öle** in Bio-Qualität.
- **Natürliche Extrakte** in Bio-Qualität.
- **Formen:** aus Silikon, Plastik oder recyceltem Karton.
- **Deko-Elemente:** Getrocknete Wildblumen, Blüten oder Schalen von Bio-Früchten.
- **Natürliche Farbstoffe:** Tonerde oder mineralischer Ocker.
- **Latexhandschuhe**, vorzugsweise aus biologisch abbaubarem Material, für die Arbeit mit den ätherischen Ölen.
- **Holzstäbchen**, um das Wachs zu rühren und die Dochte zu fixieren. Sie können dazu auch Essstäbchen verwenden.

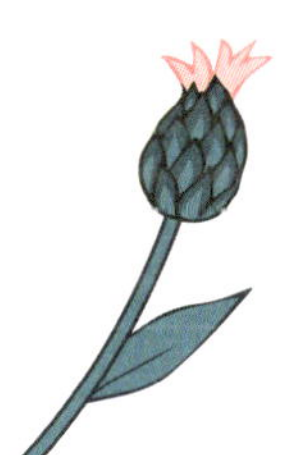

Warnhinweise für den Umgang mit ätherischen Ölen

- Tragen Sie bei der Arbeit mit ätherischen Ölen Latexhandschuhe. Bei Hautkontakt reinigen Sie die betroffenen Bereiche mit Pflanzenöl – niemals mit Wasser entfernen!
- Während der Schwangerschaft und in der Stillzeit wird grundsätzlich davon abgeraten, mit ätherischen Ölen zu hantieren.
- Bewahren Sie ätherische Öle außerhalb der Sicht- und Reichweite von Kindern und Tieren auf.

Ihr Material

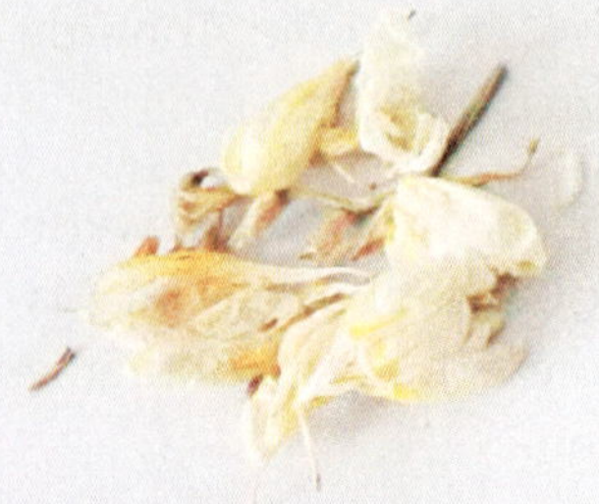
Freesienblüten

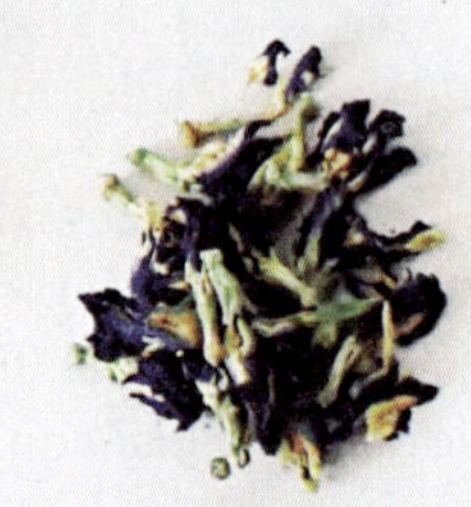
Schmetterlingserbsenblüten

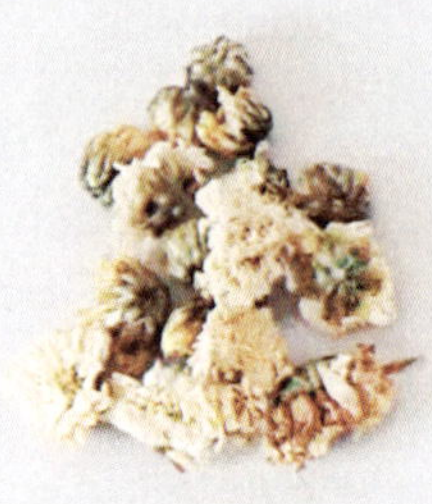
Chrysanthemenblüten

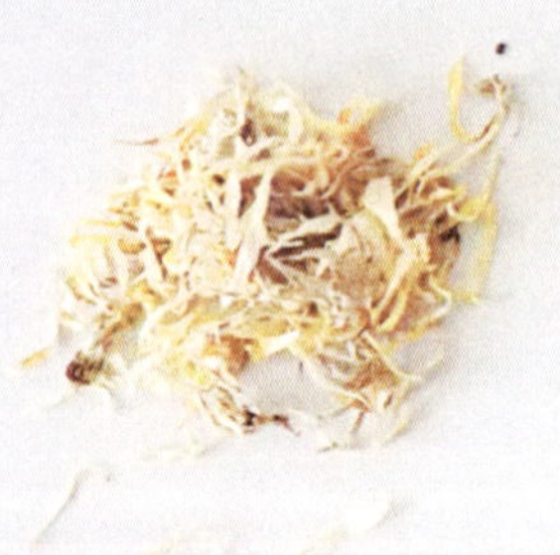
Ringelblumenblüten

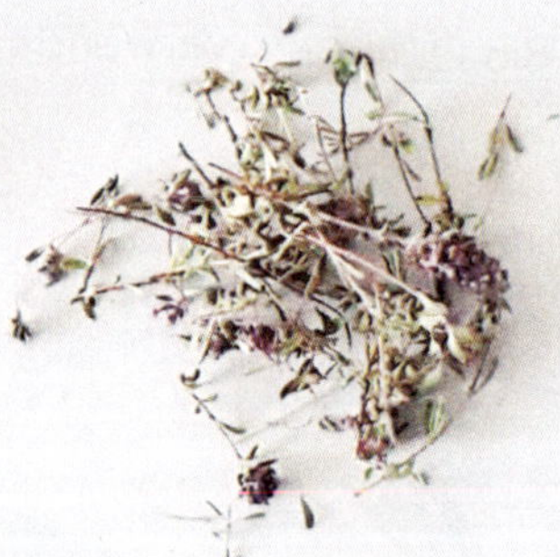
Sand-Thymian-Blüten

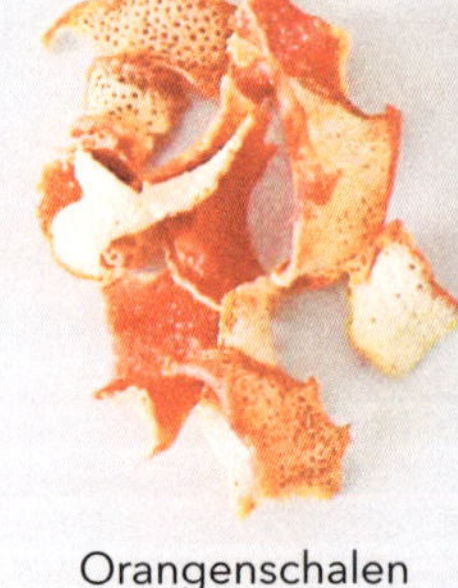
Orangenschalen

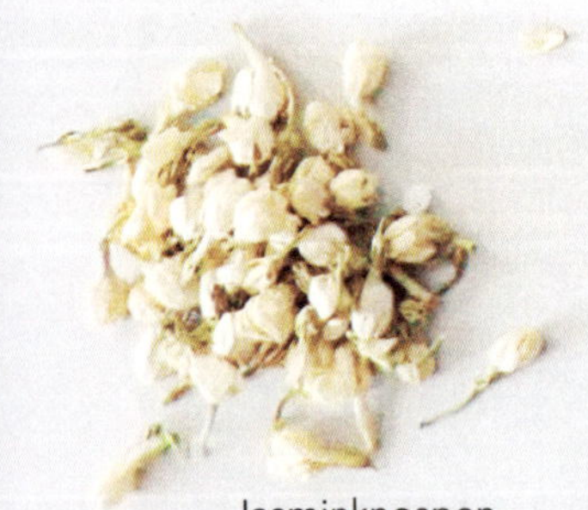
Jasminknospen

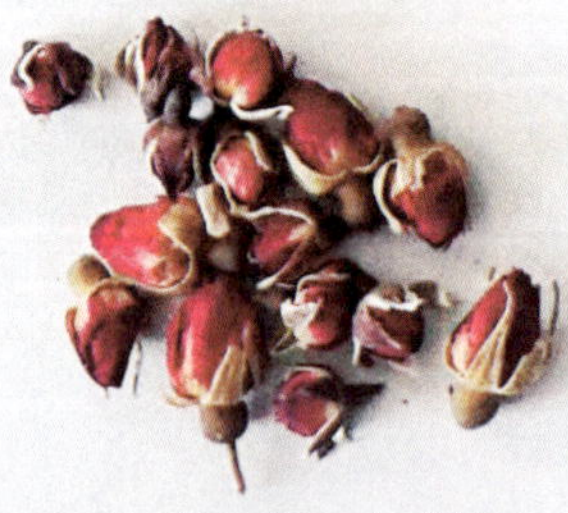
Rosenknospen

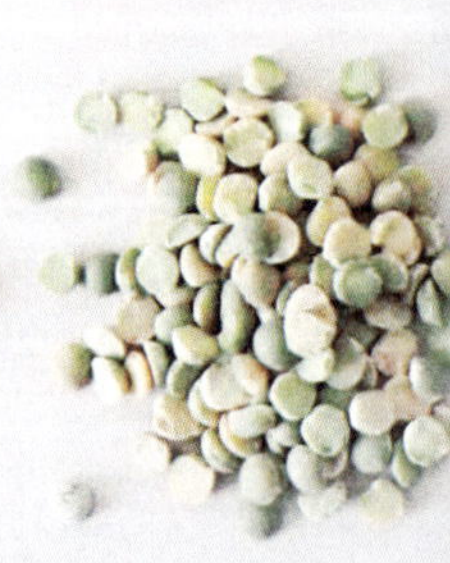
Schälerbsen

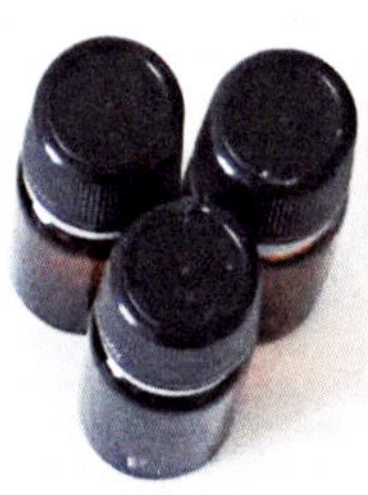

Ätherische Öle

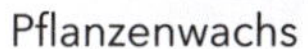

Pflanzenwachs

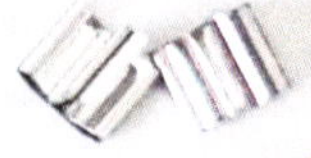

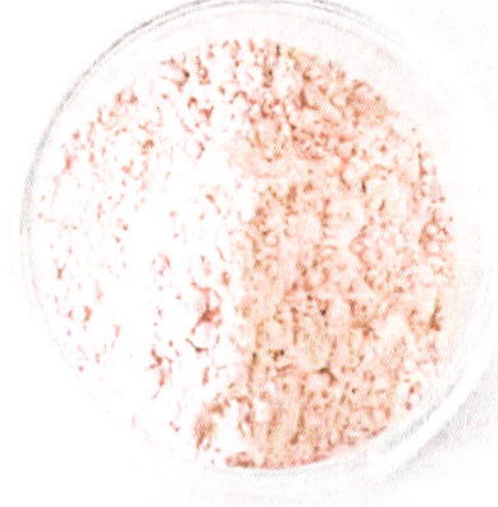

rosa Tonerde

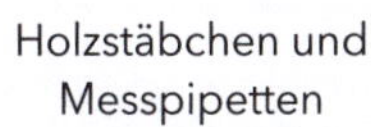

Holzstäbchen und
Messpipetten

Baumwoll- oder Holzdochte
und Metallfüße
als Halterung

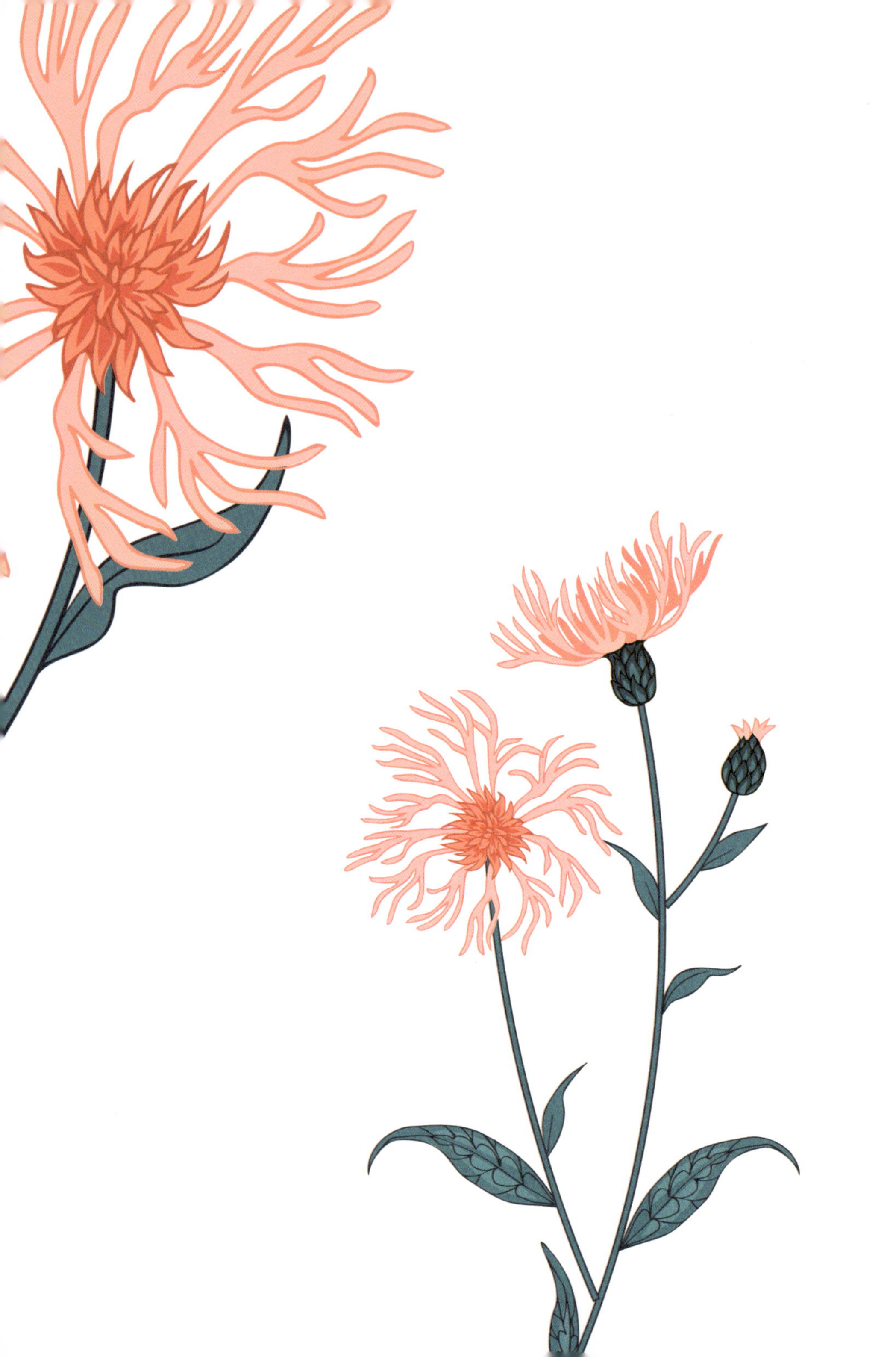

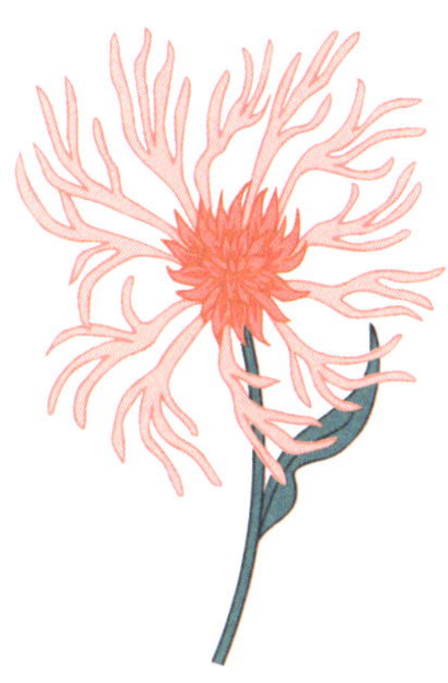

So wird's gemacht!

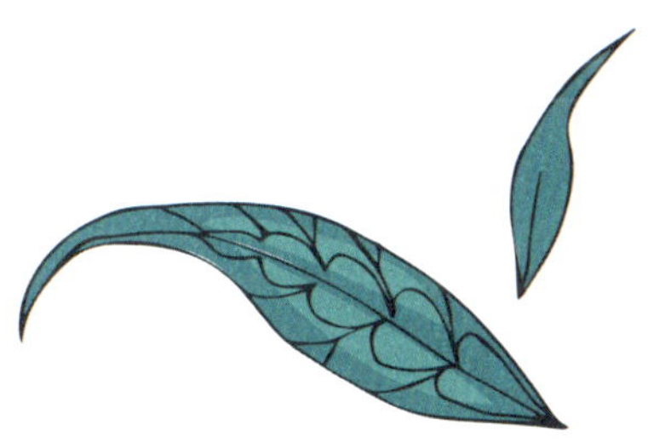

BAUMWOLLDOCHTE WACHSEN

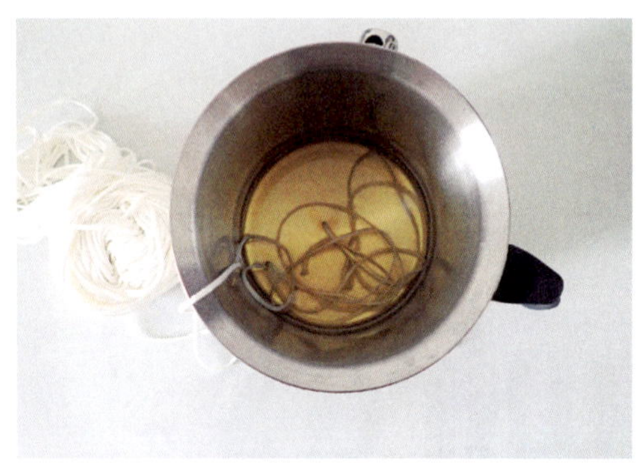

Schmelzen Sie 100 g Sojawachs in einem Wasserbad. Sobald das Wachs geschmolzen ist, tauchen Sie Ihre gesamte, ungeschnittene Baumwolldocht-Rolle in das Wachs. Die Baumwolle muss das Wachs einige Minuten lang gut aufnehmen.

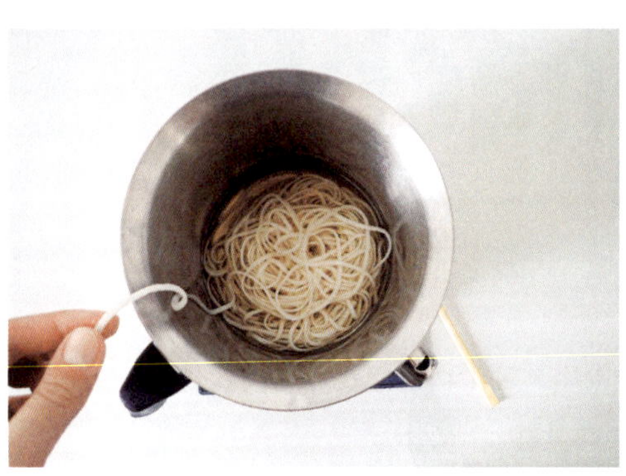

Fassen Sie dann den Faden an einem Ende und ziehen Sie ihn langsam aus dem Wasserbad heraus, sodass das überschüssige Wachs in die Schüssel abtropft. Vorsicht, verbrennen Sie sich nicht – Sojawachs kann sehr heiß werden!

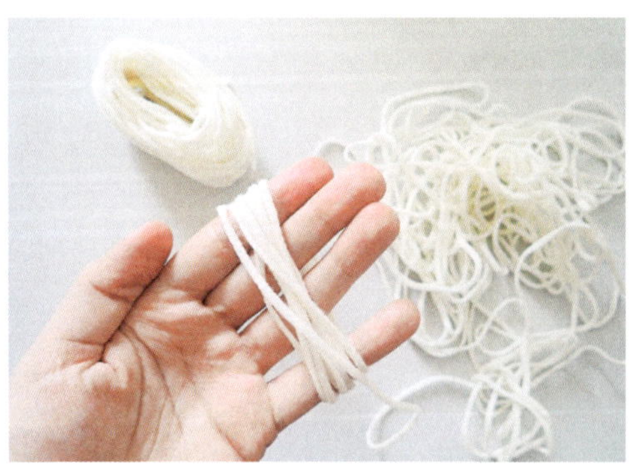

Nach kurzem Abkühlen können Sie Ihren Faden wieder um die Spule oder Ihre Hand aufwickeln. Ihre Dochte sind nach ein paar Stunden Ruhezeit einsatzbereit.

DOCHTE FERTIGSTELLEN

Um Ihre Baumwolldochte zusammenzusetzen, schneiden Sie zunächst ein Stück gewachsten Docht in der gewünschten Länge von Ihrer Spule ab.

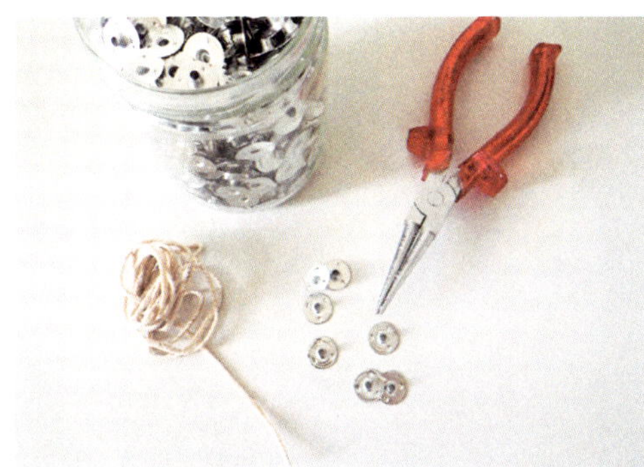

Führen Sie diesen Docht in einen Metallfuß ein und drücken Sie dann mithilfe einer Zange den Rand des Fußes zusammen.

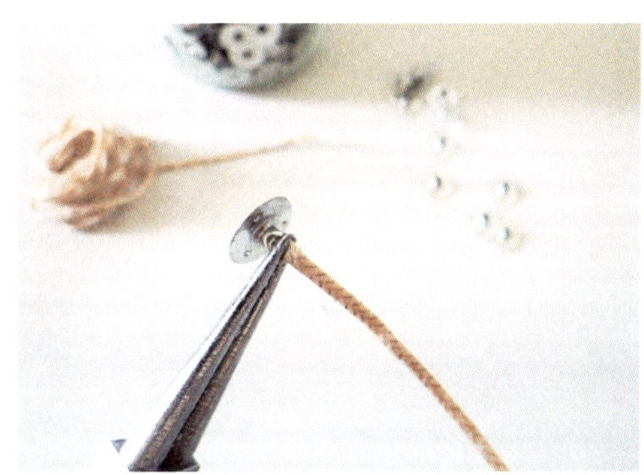

Holzdochte lassen sich ebenfalls ganz einfach in ihre Metallhalterung eingefügen.

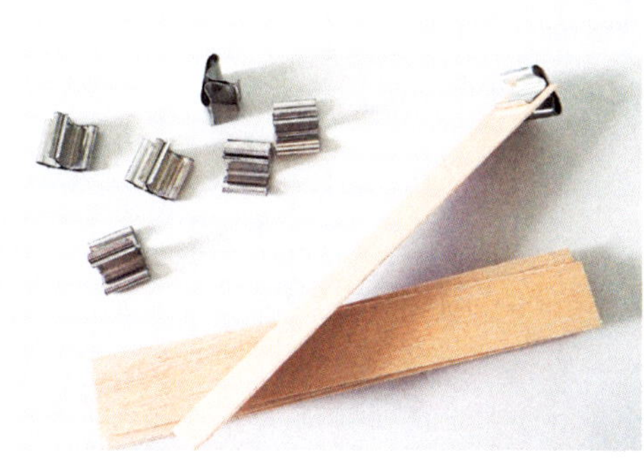

WACHS SCHMELZEN

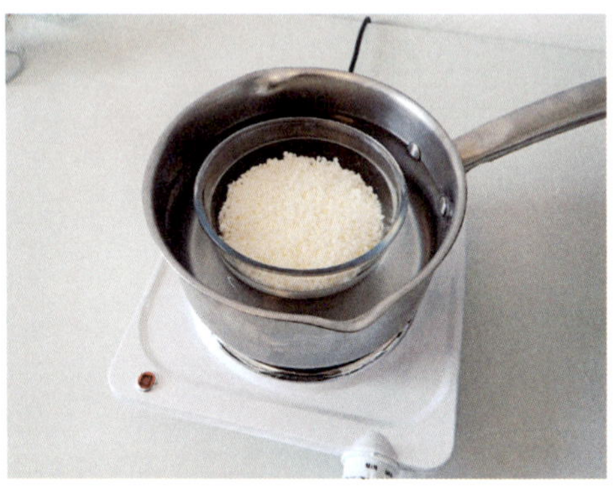

Messen Sie mithilfe Ihrer Küchenwaage die benötigte Menge Wachsflocken genau ab. Geben Sie sie in eine Glasschale, die Sie dann ins Wasserbad stellen. Nehmen Sie die Schale aus dem Wasserbad heraus, sobald das Wachs vollständig geschmolzen ist.

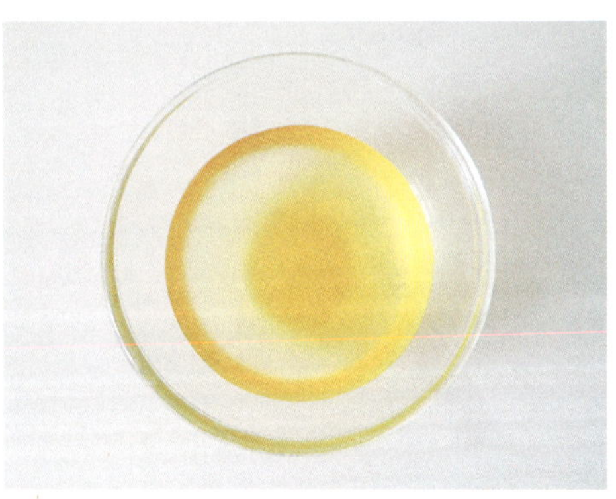

Dieser Vorgang ist derselbe für alle Wachssorten, also zum Beispiel auch für Soja-, Raps-, Bienen- und Jasminwachs. Ein großer Vorteil dieser Wachse ist, dass sich das verwendete Material leicht mit warmem Wasser entfernen lässt.

WACHS PARFÜMIEREN UND FÄRBEN

Entnehmen Sie mit einer Messpipette die für das jeweilige Rezept benötigte Menge des ätherischen Öls. Nehmen Sie das geschmolzene Wachs vom Herd und fügen Sie das Öl hinzu. Mischen Sie Wachs und Öl mit einem Stäbchen, um den Duft gleichmäßig zu verteilen.

Mit der gleichen Methode können Sie dem Wachs auch Farbstoffe hinzufügen. Diese müssen zuvor mit einem Tee- oder Dosierlöffel abgemessen werden.

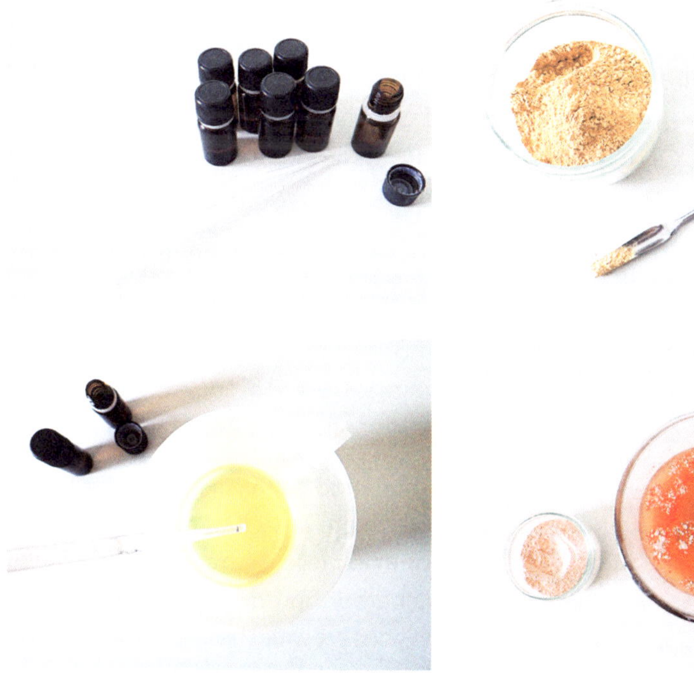

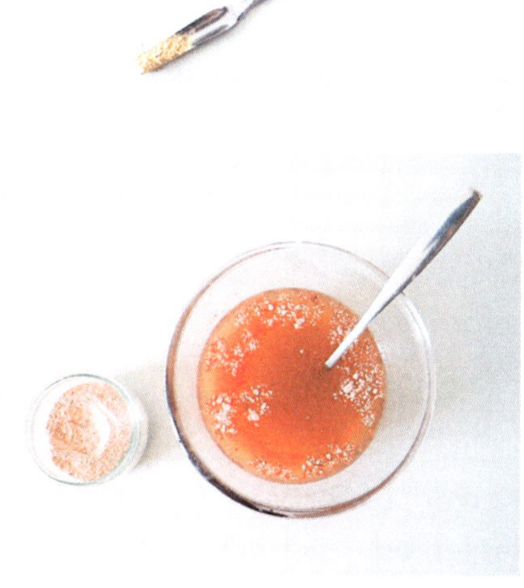

WICHTIGE HINWEISE

Um Ihre Kerzen nach allen Regeln der Kunst herzustellen, benötigen Sie ausreichend Platz auf Ihrer Arbeitsfläche. So können Sie alles, was Sie benötigen, bereitstellen. Die Anfertigung der Kerzen ist dann ganz entspannt.

Bei der Arbeit mit ätherischen Ölen sollten Sie Handschuhe tragen, um Hautreizungen zu vermeiden. Bitte beachten Sie, dass Schwangere und Kinder unter drei Jahren nicht mit ätherischen Ölen in Kontakt kommen sollten. Auch Haustiere sollten besser ferngehalten werden. Da ätherische Öle allgemein eine starke Wirkung entfalten können, raten wir Ihnen, sich im Vorfeld über die Wirkung des speziellen Öls, das Sie verwenden wollen, zu informieren.

- Lassen Sie Kerzen nicht unbeaufsichtigt brennen. Löschen Sie alle Kerzen, bevor Sie einen Raum verlassen oder sich schlafen legen.

- Stellen Sie Kerzen nicht neben leicht entflammbare Gegenstände aus Papier oder Stoff, wie Kleidung, Bücher, Vorhänge und Ähnliches. Halten Sie Ihre brennende Kerze von Zugluft fern.

- Brennende Kerzen sollten nicht in Reichweite von Kindern oder Tieren aufgestellt sein.

- Eine Kerze sollte niemals als Nachtlicht verwendet werden!

- Schneiden Sie den Docht Ihrer Kerzen nach jeder Nutzung auf 1 cm Länge ab, um zu verhindern, dass die Flamme zu hoch wird oder rußt.

- Stellen Sie Kerzen immer auf absolut stabilen Untergrund.

- Brennende Kerzen sollten in mindestens 15 cm Abstand zueinander stehen.

- Es kann sein, dass sich die Deko-Elemente Ihrer Kerze – zum Beispiel getrocknete Blumen oder Fruchtschalen – mit dem geschmolzenen Wachs vermischen. Diese Elemente sind nicht brennbar. Sie können sie, wenn Sie möchten, mithilfe eines Holzstäbchens aus dem Wachs entfernen.

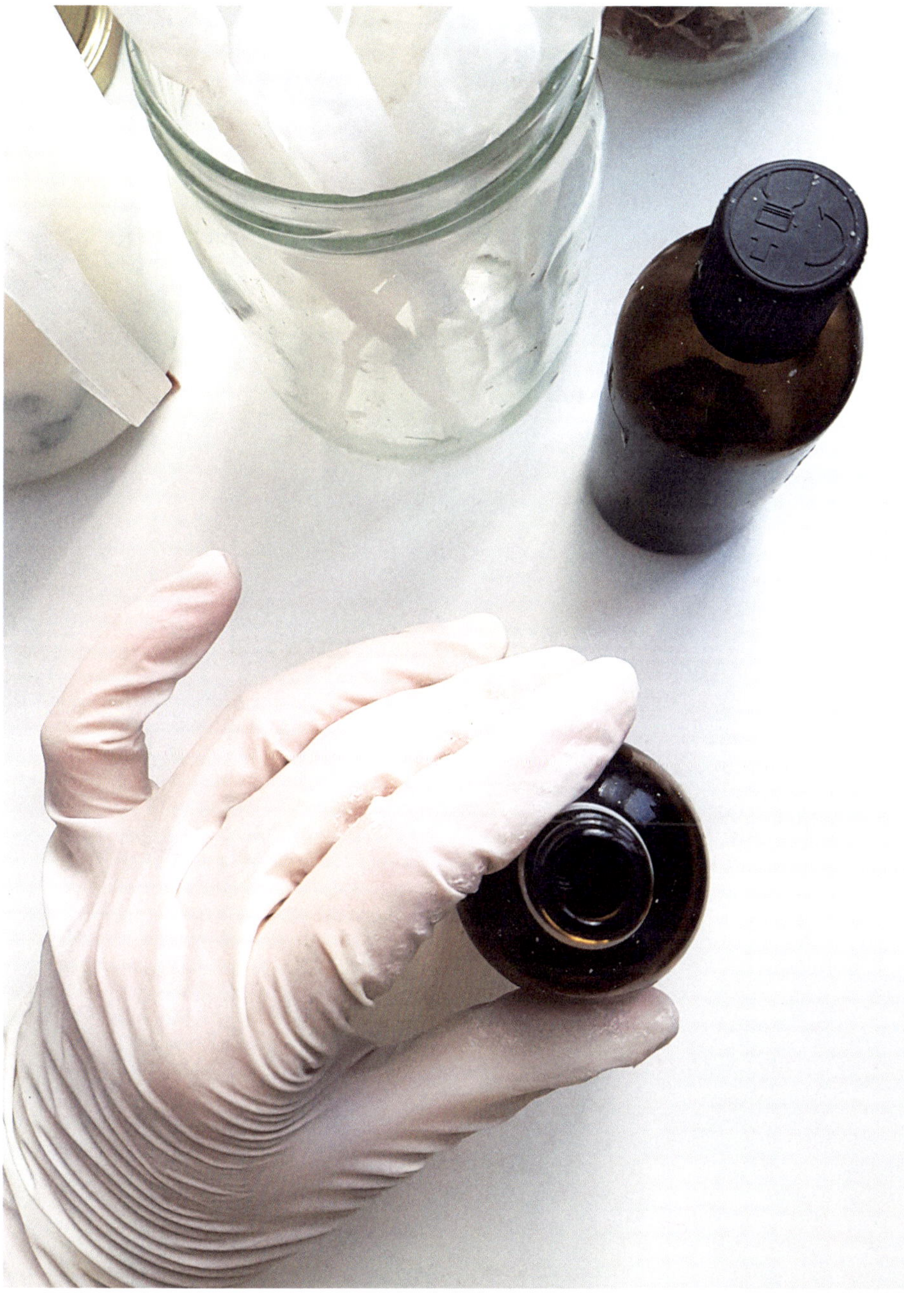

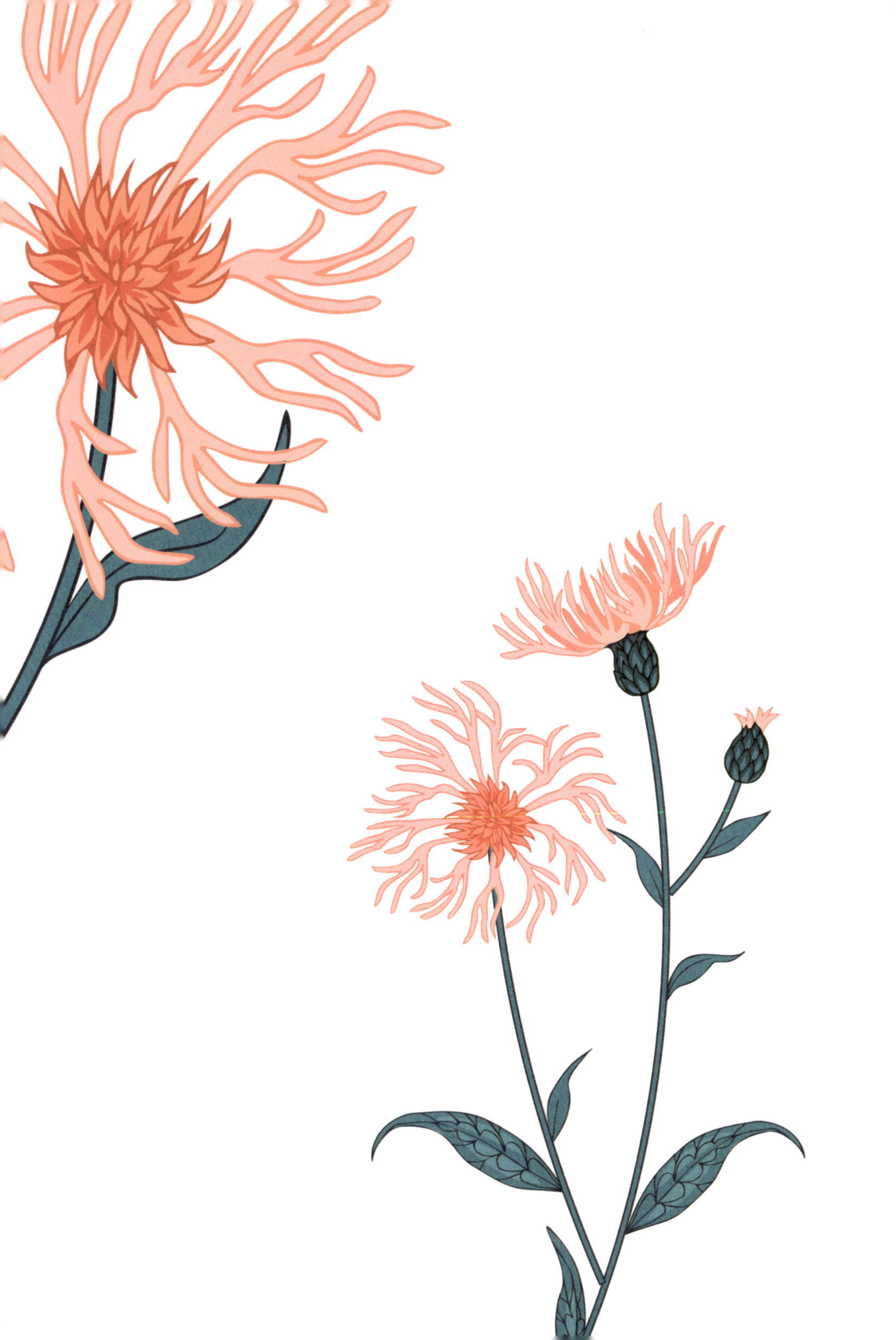

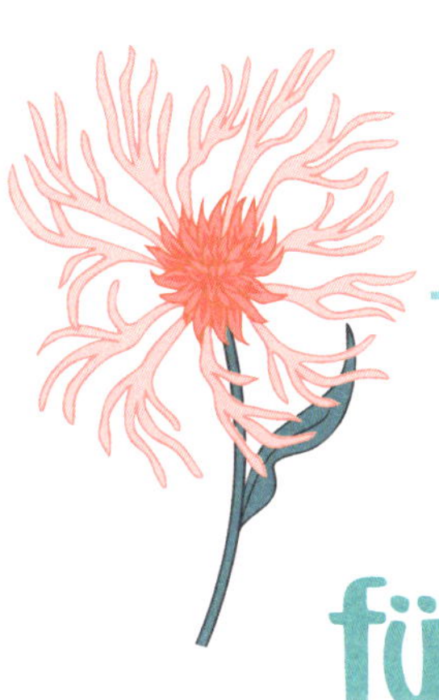

Kerzen

für's ganze Jahr

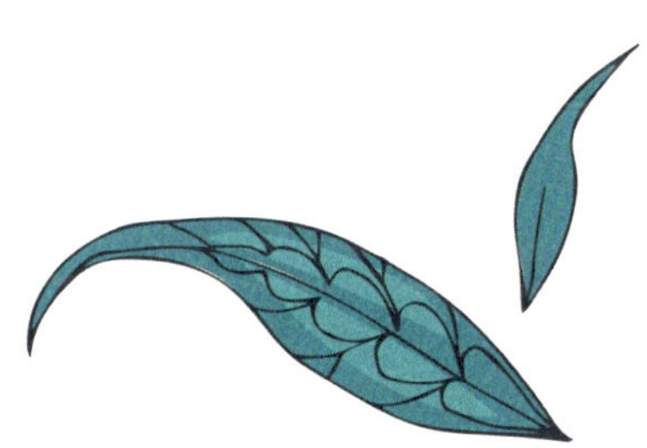

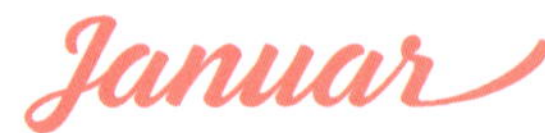

Zeit für Rückbesinnung

Nichts ist wichtiger, als das neue Jahr mit guten Vorsätzen zu beginnen. Kerzen selbst herzustellen, ist eine wunderbare Möglichkeit, unser Konsumverhalten zu verändern und dabei von der Schönheit der Natur zu profitieren. Dieses Rezept verbindet die revitalisierenden Eigenschaften von Rosmarin mit der entspannenden Wirkung von Salbei. So können Sie unbeschwert ins neue Jahr zu starten.

MATERIAL

• 1 Pappbecher (200 ml) • 200 g Sojawachs für Stumpenkerzen • 1 Baumwolldocht und ein Metallfuß • 1 ml ätherisches Rosmarinöl • 1 ml Bio-Salbei (Frischpflanzenextrakt) • Salbeiblätter • Rosmarinzweige • 1 Messpipette • 2 Holzstäbchen

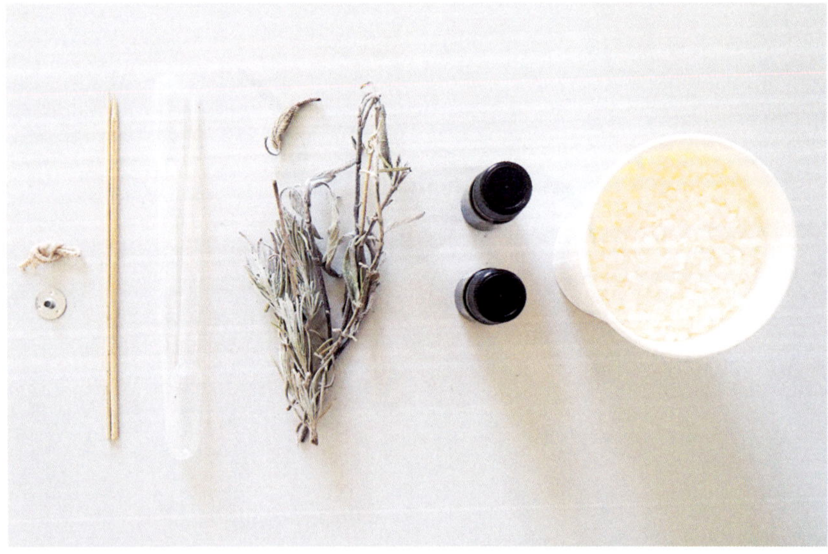

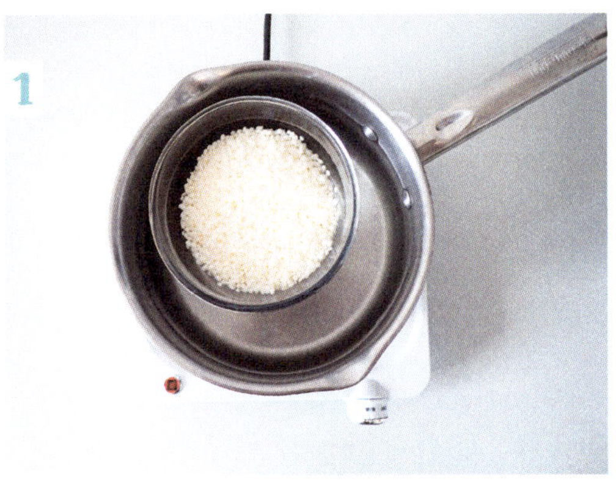

1. Schmelzen Sie 200 g Wachs bei mittlerer Hitze im Wasserbad. Nehmen Sie das Wachs vom Herd.

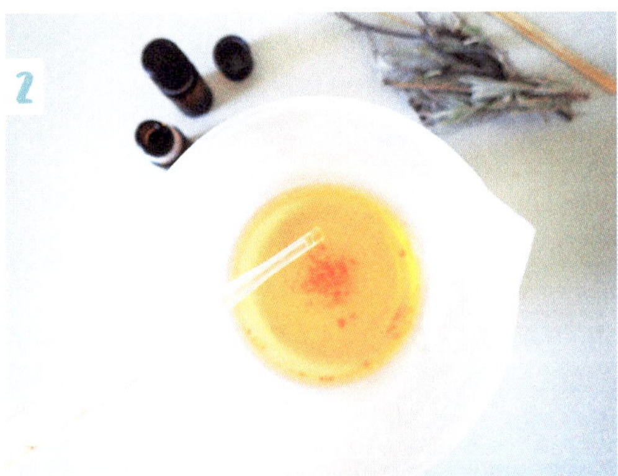

2. Geben Sie 1 ml ätherisches Rosmarinöl und 1 ml Salbei-Frischpflanzenextrakt in das geschmolzene Wachs. Rühren Sie mit einem Stäbchen so lange um, bis die Masse homogen ist.

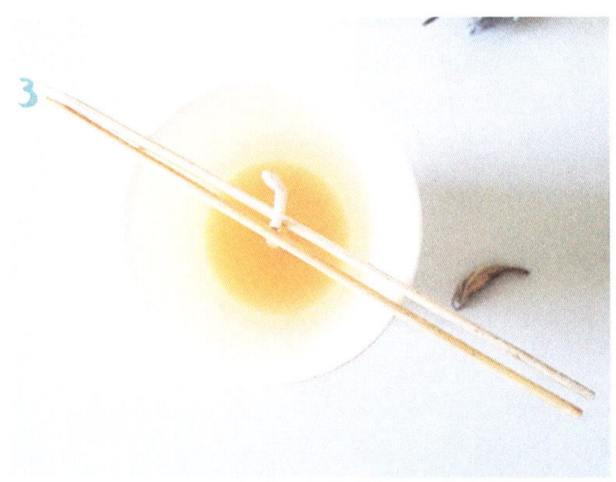

3. Gießen Sie 1 bis 2 cm Wachs auf den Boden Ihres Bechers und platzieren Sie den vorbereiteten Docht (s. S. 15) in der Mitte. Halten Sie den Docht wie in der Abbildung gezeigt mithilfe zweier Holzstäbchen in einer aufrechten Position. So wird er im Wachs fixiert und bleibt bei der Fertigstellung der Kerze an Ort und Stelle.

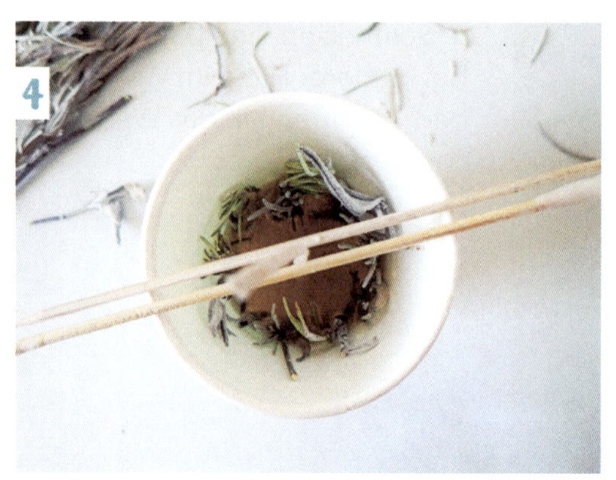

4. Lassen Sie das Wachs etwa 10 Minuten abkühlen, wobei es um den Docht herum erstarrt. Stecken Sie dann Rosmarinzweige und Salbeiblätter entlang der Becherwand in das Wachs. Wechseln Sie dabei Rosmarin und Salbei ab.

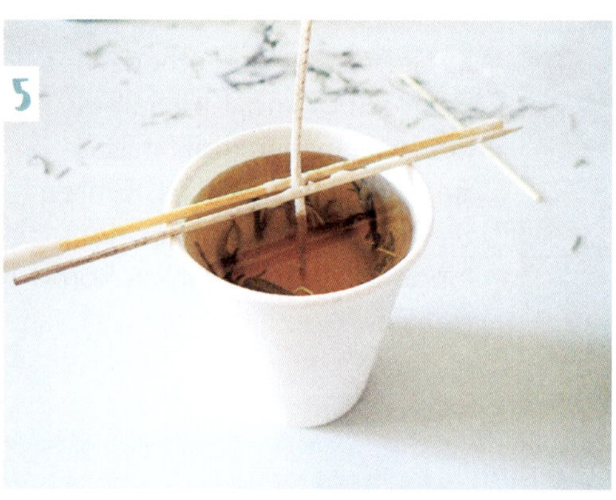

5. Gießen Sie das restliche Wachs in den Becher und füllen Sie diesen vollständig auf.

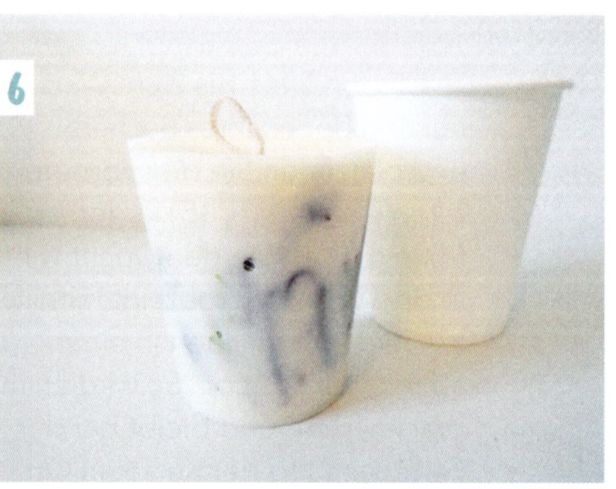

6. Nach 4 Stunden Ruhezeit hat sich das Wachs zusammengezogen und sollte sich problemlos aus der Form lösen lassen. Ihre Kerze ist fertig!

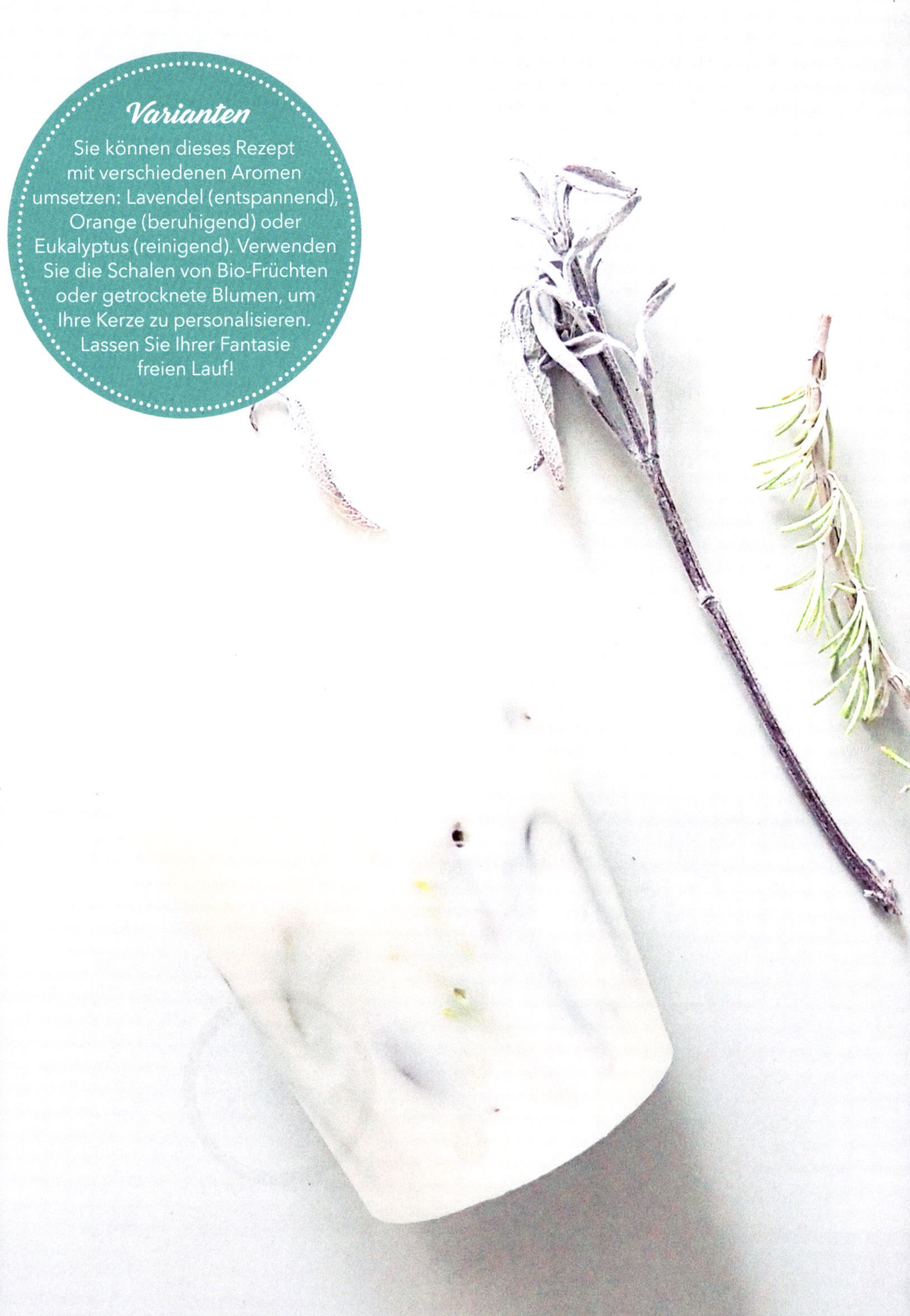
Varianten
Sie können dieses Rezept mit verschiedenen Aromen umsetzen: Lavendel (entspannend), Orange (beruhigend) oder Eukalyptus (reinigend). Verwenden Sie die Schalen von Bio-Früchten oder getrocknete Blumen, um Ihre Kerze zu personalisieren. Lassen Sie Ihrer Fantasie freien Lauf!

Februar

Mein Kaffeebecher einmal anders

Beleben Sie Ihre Sinne mit dieser Duftkerze und kreieren Sie ein behagliches Wohlfühlambiente, um dem Winter die Stirn zu bieten. Dank der Verbindung von drei ätherischen Ölen – Bitterorange, Zimt und Zeder – hilft Ihnen diese Kerze dabei, innere Ruhe zu finden, die auch auf Ihr Umfeld ausstrahlt.

MATERIAL

• eine Emailletasse (330 ml) • 300 g Sojawachs • ein Holzdocht mit Halter • 2 ml ätherisches Bitterorangen-Öl • 1 ml ätherisches Tamala-Öl • 1 ml ätherisches Zedern-Öl • 1 Messpipette • Orangenschale • Kiefernnadeln, kleine Triadica- oder Stechpalmenzweige (optional)

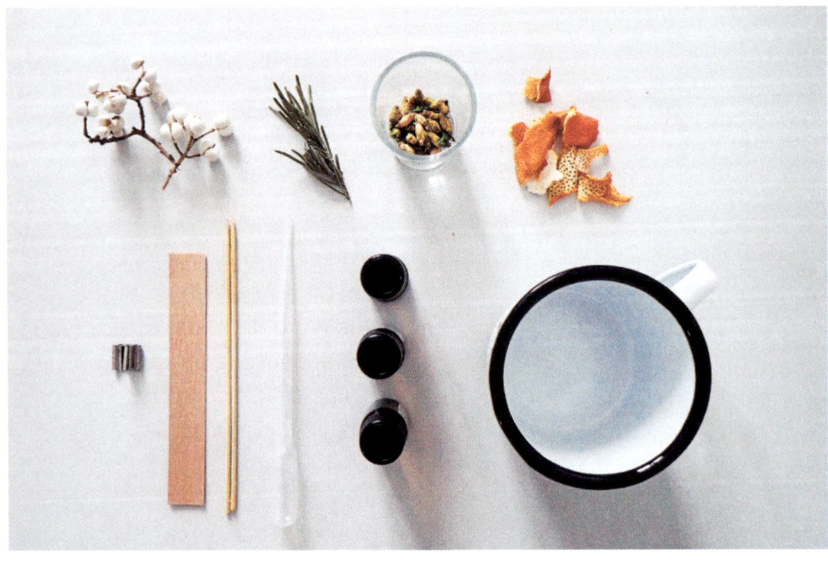

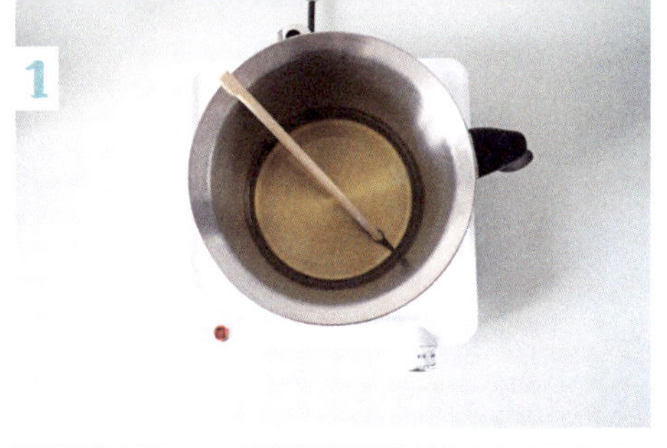

1. Schmelzen Sie 300 g Wachs im Wasserbad. Nehmen Sie das Wachs vom Herd, sobald es flüssig geworden ist, und lassen Sie es 2 bis 3 Minuten abkühlen.

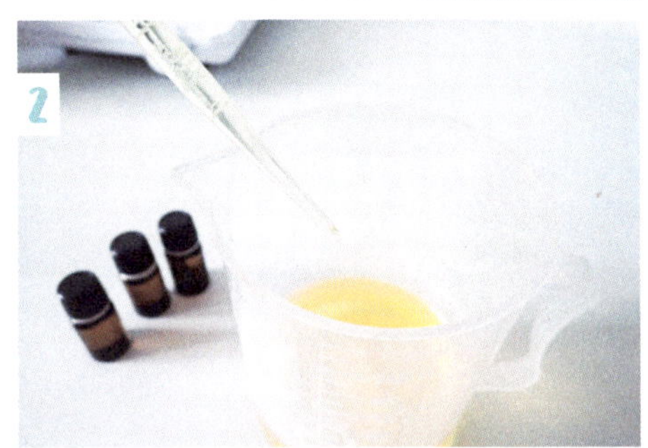

2. Geben Sie mithilfe der Messpipette 2 ml ätherisches Bitterorangen-Öl, 1 ml ätherisches Tamala-Öl und 1 ml ätherisches Zedern-Öl in das Wachs. Rühren Sie langsam um, bis keine Öltropfen mehr zu erkennen sind. Die Mischung sollte vollkommen homogen sein.

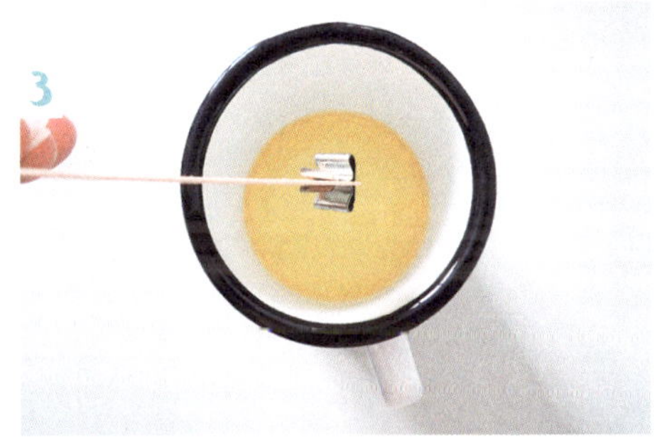

3. Gießen Sie eine kleine Menge Wachs in Ihren Emaillebecher (1 cm) und setzen Sie dann den zuvor zusammengesetzten Holzdocht in die Mitte der Tasse.

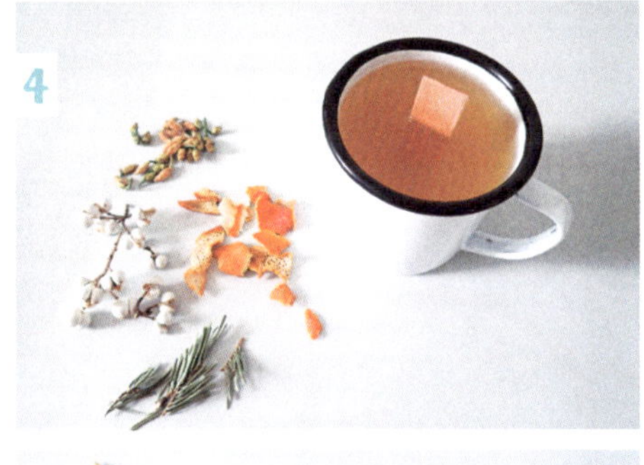

4. Sobald das Wachs um den Docht herum erstarrt ist, füllen Sie den Becher mit dem restlichen Wachs auf.

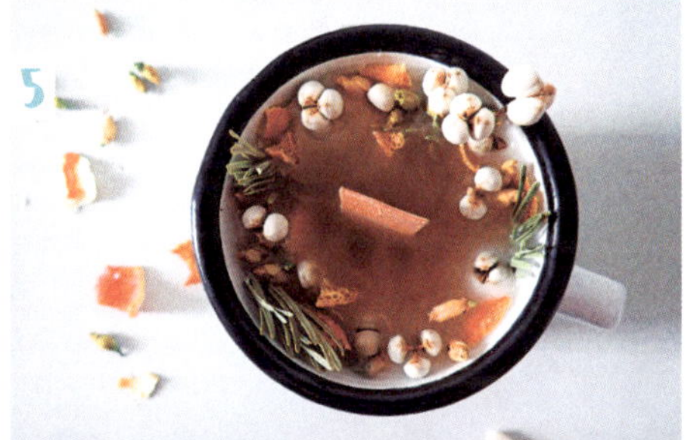

5. Lassen Sie das Wachs eine Weile ruhen, bis es sich etwas verfestigt hat. Verteilen Sie dann die Orangenschalen und Pflanzenteile entlang dem Tassenrand. Lassen Sie 2 cm Platz zwischen dem Holzdocht und den Dekorationen, damit die Flamme nicht überspringt. Nach 4 Stunden Ruhezeit ist Ihre Becherkerze fertig!

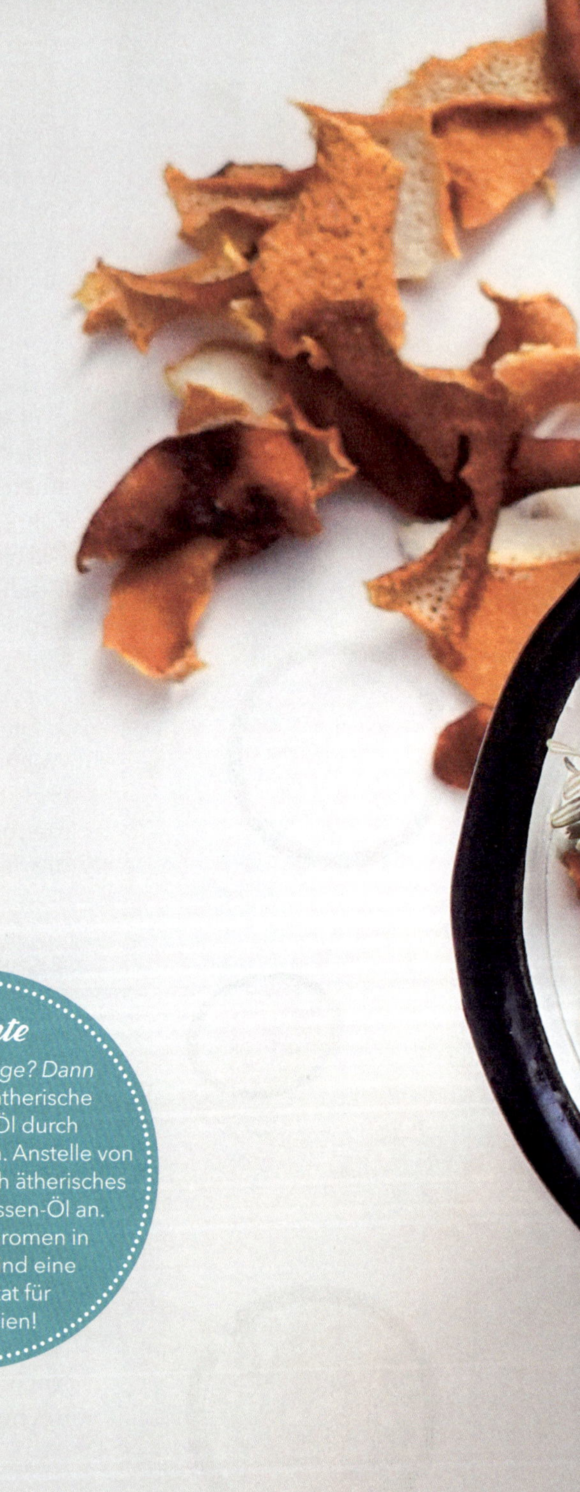

Variante

Sie lieben es *hygge? Dann* können Sie das ätherische Bitterorangen-Öl durch Orangen-Öl ersetzen. Anstelle von Zedern-Öl bietet sich ätherisches Mittelmeer-Zypressen-Öl an. Die Zitrusfruchtaromen in Winterdüften sind eine wahre Wohltat für die Bronchien!

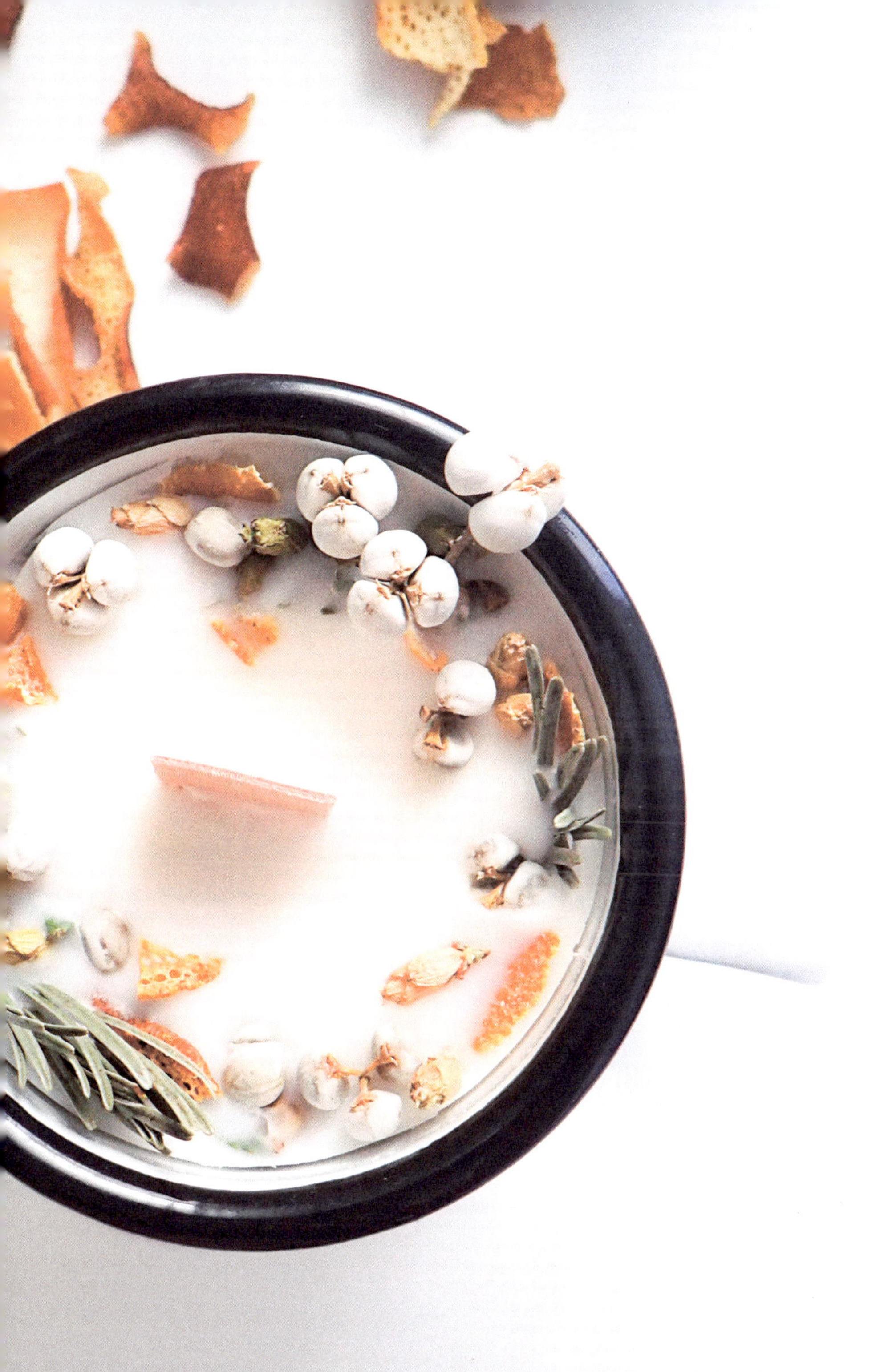

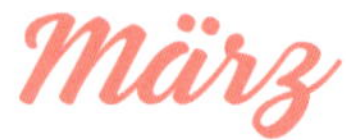

Die Natur erwacht

Der März, wenn die Natur zu ihrer vollen Blüte erwacht, gibt uns neuen Schwung. In diesem Rezept für eine XXL-Kerze finden Sie einen ganzen Blumengarten – die frühlingshaften Düfte werden Ihre Kreativität beflügeln. Erschaffen Sie im Handumdrehen professionelle florale Kreationen!

MATERIAL

• eine Keramikschale (800 ml, ca. 18–20 cm Durchmesser) • 300 g Sojawachs für Behälterkerzen • 300 g Jasminwachs • 2 Holzdochte mit Haltern • 8 ml ätherisches Bergamott-Öl • 8 ml Orangenblütenextrakt • 1 Messpipette • Ringelblumenblüten • Chrysanthemenblüten • Freesienblüten • Disteln • Sand-Thymian-Zweige (optional)

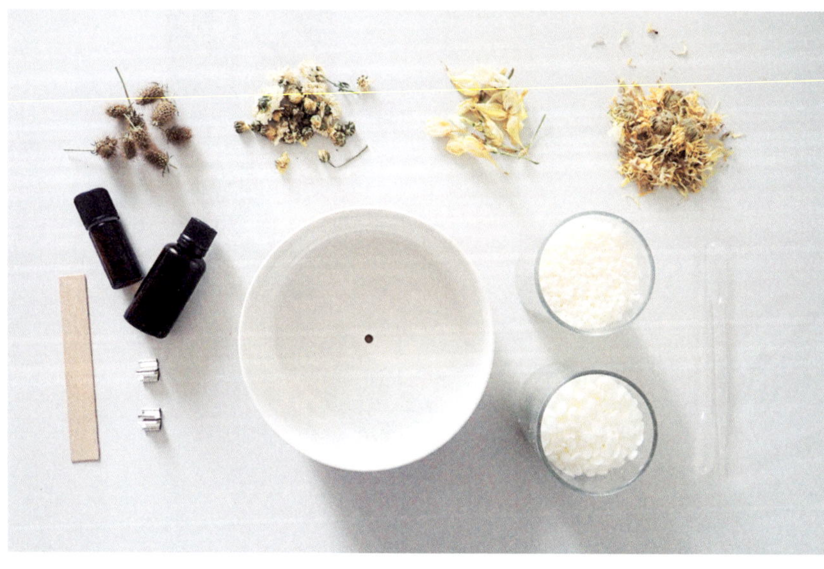

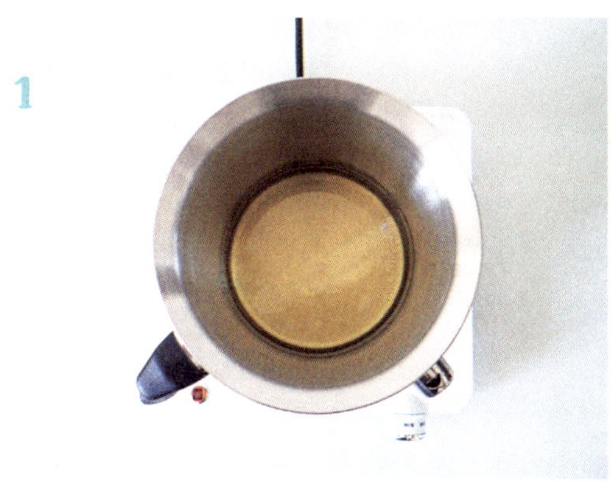

1. Schmelzen Sie Soja- und Jasminwachs zusammen im Wasserbad. Nehmen Sie das Wachs vom Herd, sobald es flüssig geworden ist.

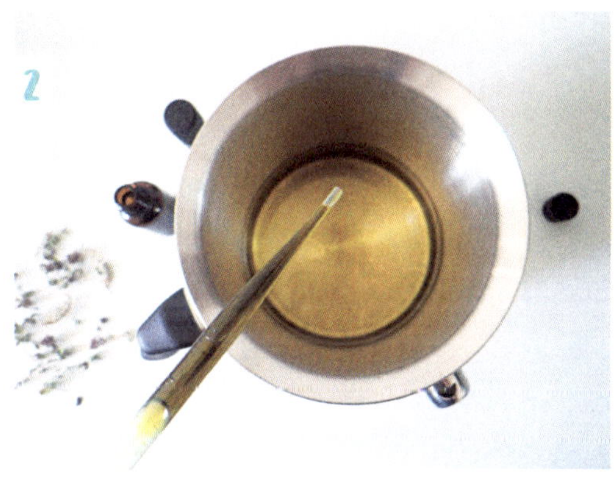

2. Entnehmen Sie mit einer Messpipette je 8 ml ätherisches Bergamott-Öl und Orangenblütenextrakt und fügen Sie beides dem Wachs hinzu. Rühren Sie die Mischung mit einem Holzstäbchen um.

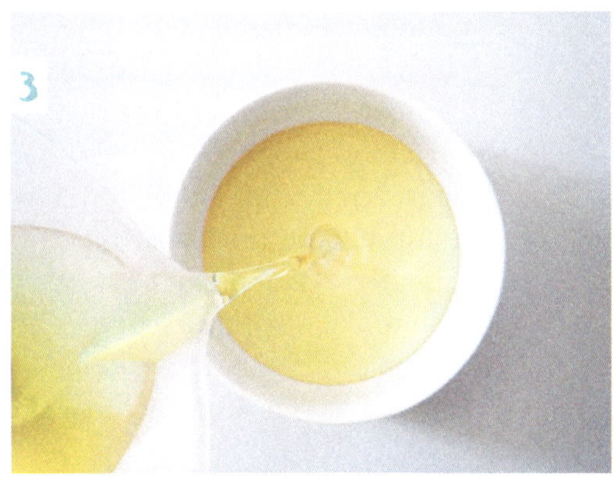

3. Füllen Sie die Hälfte des Wachses in Ihre Keramikschale. Der Rest wird erst hinzugefügt, wenn sich die erste Schicht verfestigt hat. Diese Vorgehensweise ist bei großen Behältern unbedingt erforderlich, denn sie verhindert, dass sich in der Mitte der Kerze ein Hohlraum bildet, der ihrem ästhetischen Erscheinungsbild schadet.

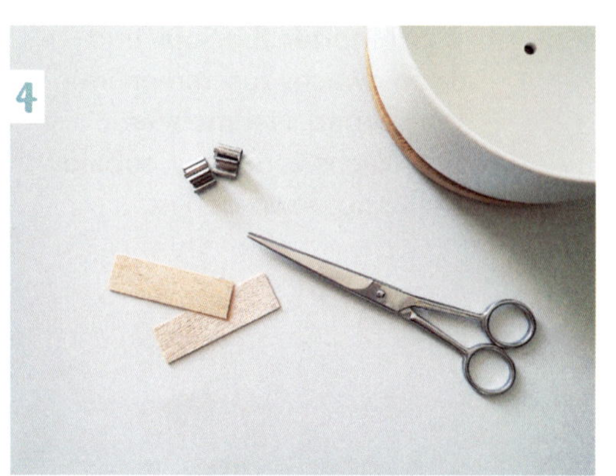

4. Verbinden Sie Ihre Holzdochte mit den zugehörigen Haltern und platzieren Sie sie in der Mitte des Behälters. Die Dochte sollten ungefähr 5 bis 6 cm Abstand haben und selbstständig im Wachs stehen können. Lassen Sie die erste Wachsschicht ca. 40 Minuten ruhen.

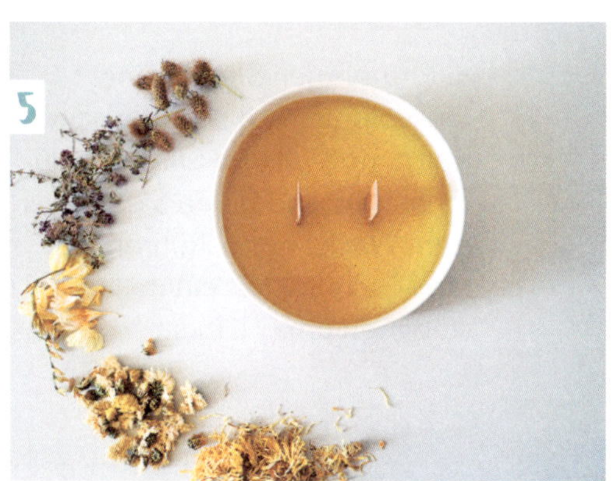

5. Sobald sich die erste Schicht verfestigt hat, können Sie die zweite Hälfte Wachs daraufgießen. Da dieses Wachs in den vergangen 40 Minuten ebenfalls fest geworden ist, sollten Sie es zuvor im Wasserbad bei niedriger Temperatur wieder flüssiger machen.

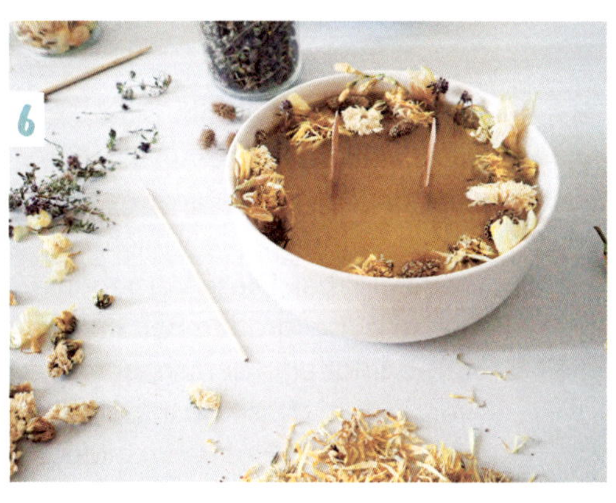

6. Anschließend können Sie Ihre Kerze wie einen Frühlingsgarten gestalten. Lassen Sie dazu das Wachs ca. 15 Minuten abkühlen. Die Textur sollte weder fest, noch flüssig sein. Dekorieren Sie mit getrockneten Blüten den äußeren Rand der Kerze. So können die Dochte ungestört brennen. Ein Wechsel von Farben und Größen macht Ihr Werk zu einem Augenschmaus!

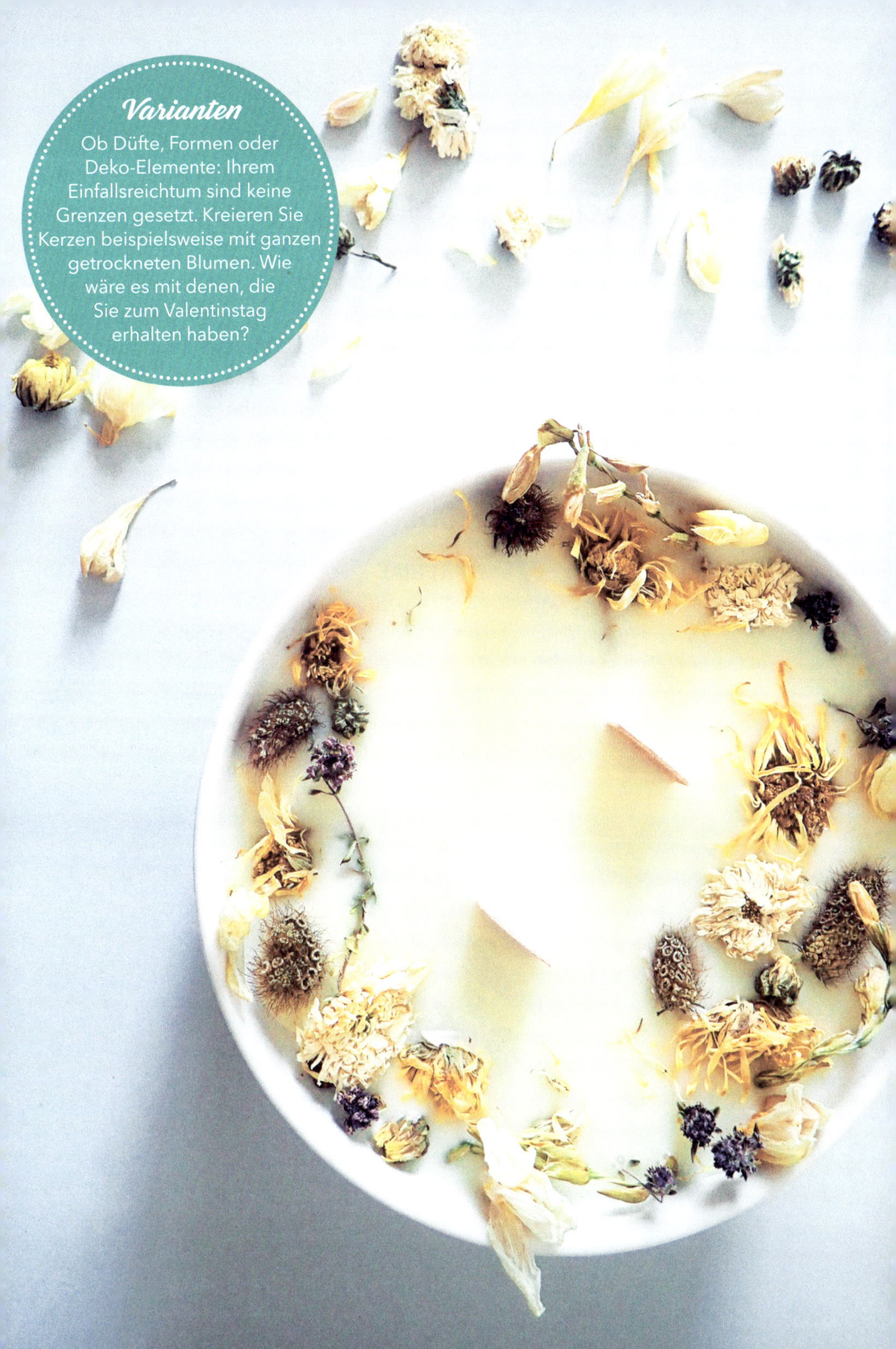
Varianten
Ob Düfte, Formen oder Deko-Elemente: Ihrem Einfallsreichtum sind keine Grenzen gesetzt. Kreieren Sie Kerzen beispielsweise mit ganzen getrockneten Blumen. Wie wäre es mit denen, die Sie zum Valentinstag erhalten haben?

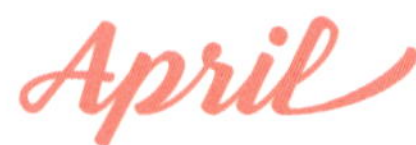

Massage-Kerze „Venus"

Der April ist der Monat der Liebesgöttin Venus. Wenn das keine gute Gelegenheit ist, das Feuer der Liebe neu zu entfachen – und zwar mit dieser Massage-Kerze. Lassen Sie sie ungefähr 20 Minuten brennen, dann löschen Sie die Flamme. Verwenden Sie die Mischung aus geschmolzenem Wachs, hochwertigen Fetten und ätherischen Ölen zur Körpermassage. Das warme Wachs mit seinen Rosenholz- und Ylang-Ylang-Aromen ist eine Wohltat für die Haut, entspannt und betört die Sinne.

MATERIAL

• ein Glasgefäß (200 ml) • 100 g Rapswachs • ein Baumwolldocht und ein Metallfuß • 50 ml Bio-Sheabutter • 50 ml Bio-Kokosöl • 20 Tropfen ätherisches Rosenholzöl • 20 Tropfen ätherisches Ylang-Ylang-Öl • 5 Tropfen Vitamin E • 1 Messpipette • ein Mini-Schneebesen • 2 Holzstäbchen • Rosenknospen (optional)

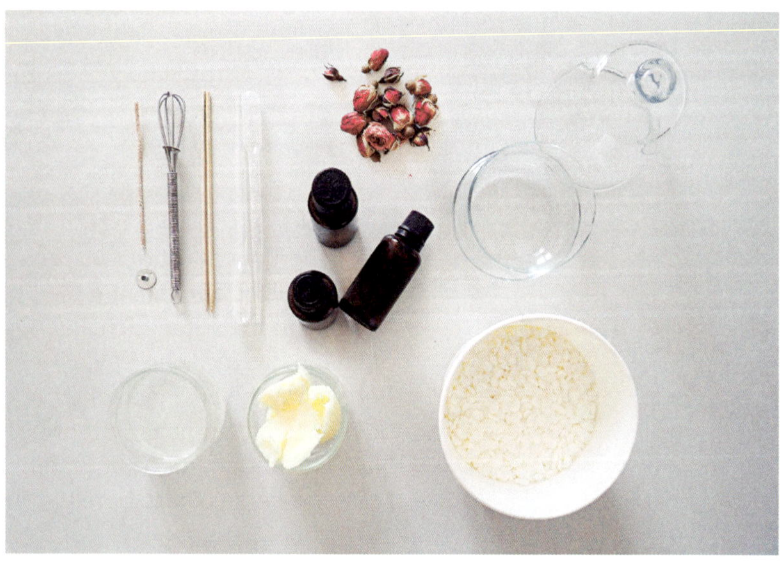

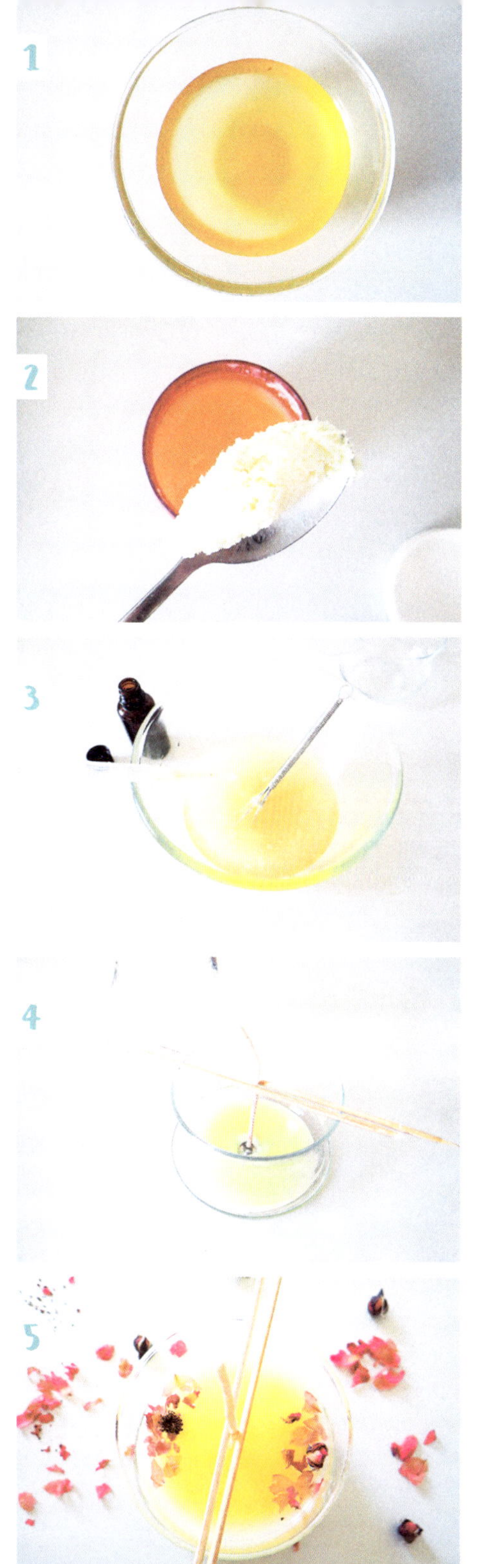

1. Schmelzen Sie 100 g Rapswachs im Wasserbad.

2. Geben Sie, sobald das Wachs geschmolzen ist, 50 ml Sheabutter und 50 ml Kokosöl hinzu. Mischen Sie alles mithilfe des Mini-Schneebesens, bis eine einheitliche Masse entsteht. Diese hundertprozentig natürliche Mischung ist die Basis für Ihre Kerze.

3. Fügen Sie der Mischung 5 Tropfen Vitamin E hinzu. Vitamin E ist ein natürliches Antioxidans, das pflanzliche Fette vor dem Ranzigwerden schützt. Arbeiten Sie zudem 20 Tropfen ätherisches Rosenholzöl sowie 20 Tropfen ätherisches Ylang-Ylang-Öl ein. Mischen Sie die Masse erneut gut durch.

4. Geben Sie 1 bis 2 cm dieser Wachsmischung in Ihren Behälter. Setzen Sie den Docht zusammen und platzieren Sie ihn in der Mitte des Behälters. Lassen Sie das Wachs erstarren und stellen Sie das restliche Wachs zurück ins Wasserbad, um die flüssige Konsistenz zu bewahren.

5. Sobald sich das Wachs um den Docht herum verfestigt hat, verwenden Sie zwei Holzstäbchen, um die Spitze des Dochts in Position zu halten. Gießen Sie dann das restliche Wachs in den Behälter. Wenn Sie möchten, können Sie die Kerze mit ein paar Blüten verzieren. Nach 4 Stunden Ruhezeit ist Ihre Massage-Kerze einsatzbereit!

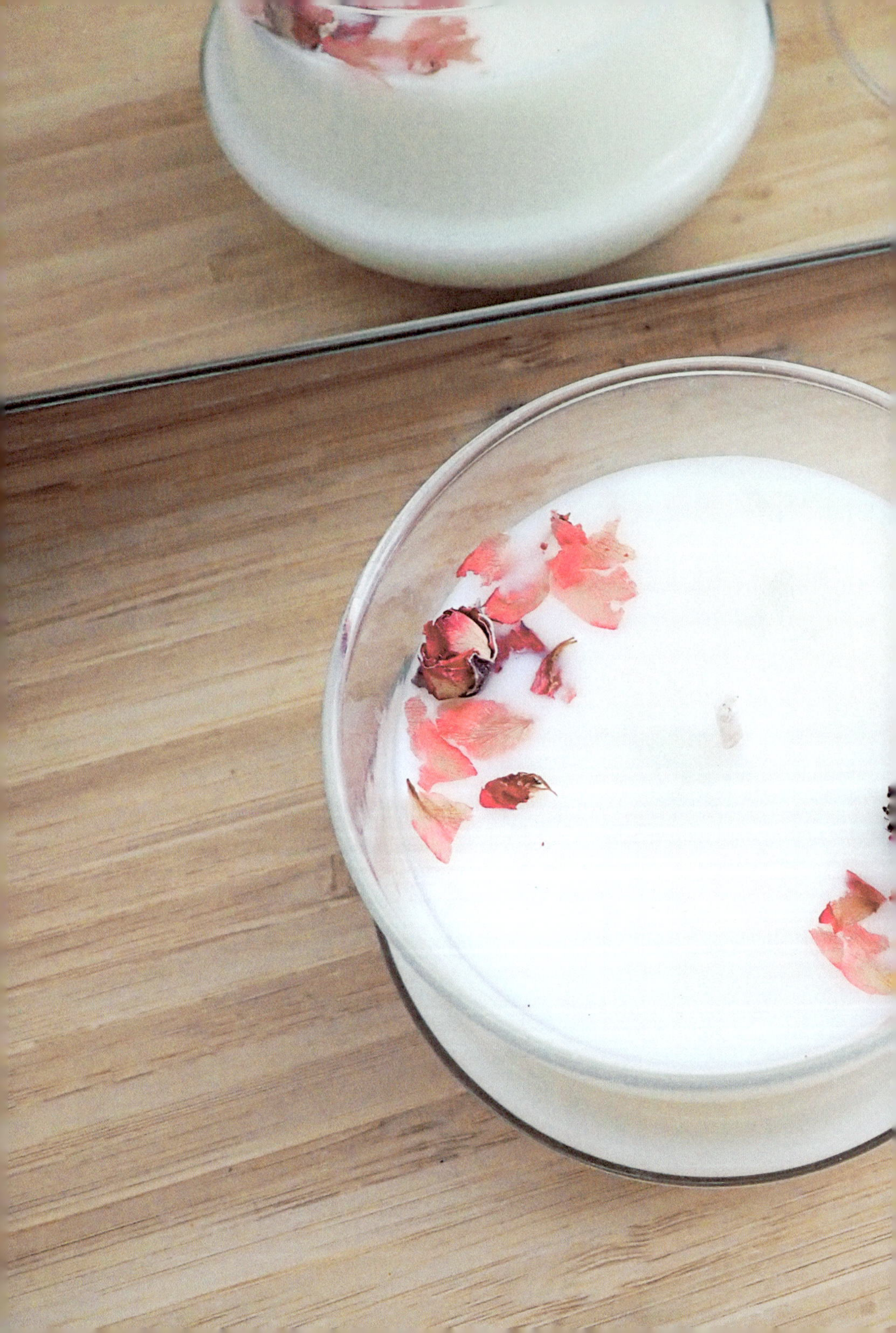

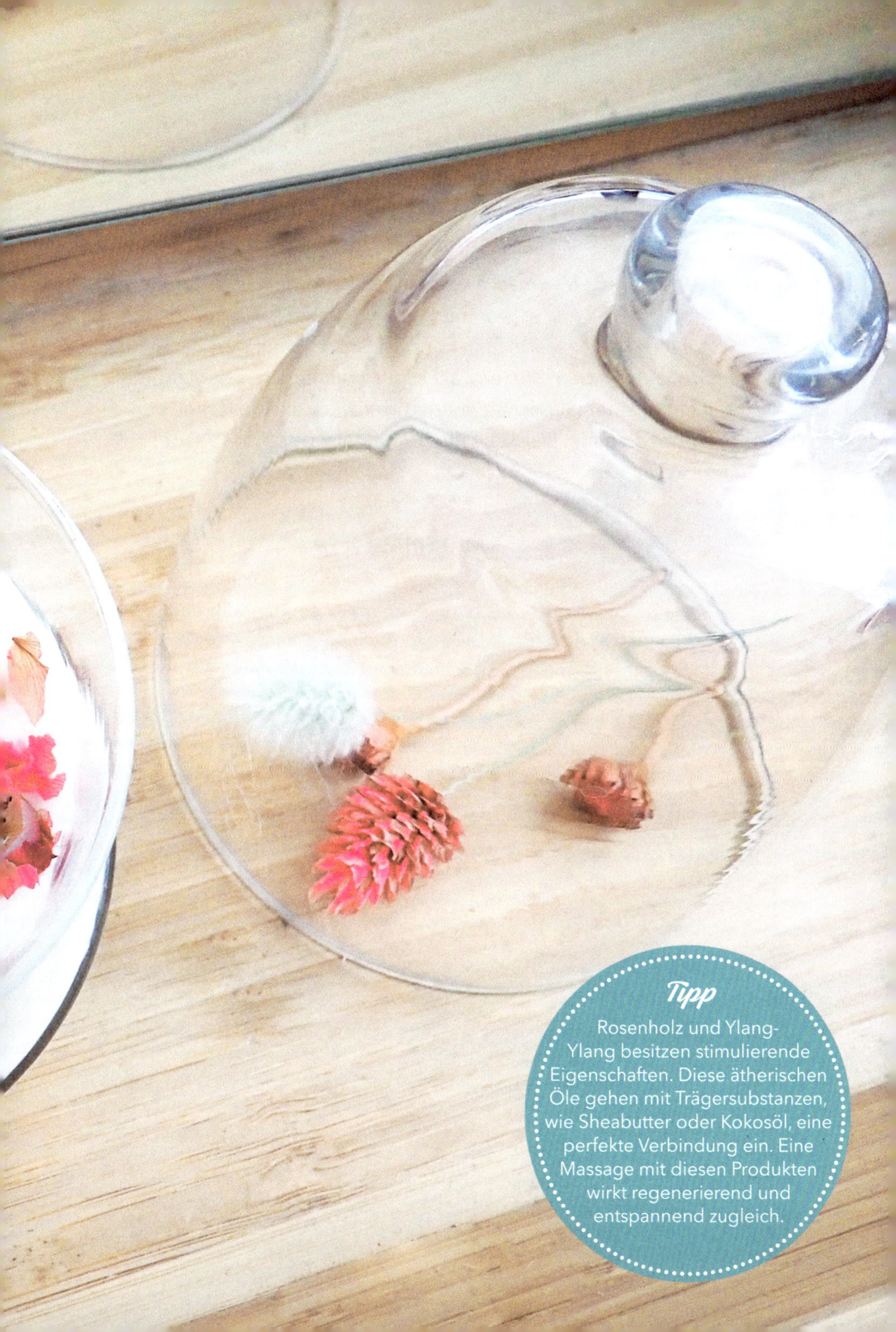

Tipp
Rosenholz und Ylang-Ylang besitzen stimulierende Eigenschaften. Diese ätherischen Öle gehen mit Trägersubstanzen, wie Sheabutter oder Kokosöl, eine perfekte Verbindung ein. Eine Massage mit diesen Produkten wirkt regenerierend und entspannend zugleich.

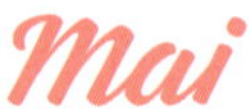

Sahnehäubchen

Der Wonnemonat Mai macht Lust auf Kaffee, Himbeerkuchen – und Sahne. Und weil man davon nie genug kriegen kann, kommt die „Schlagsahne" hier zusätzlich in Form einer Kerze auf den Tisch! Rosa Tonerde verleiht dem Kerzenwachs, das mithilfe eines Spritzbeutels stilecht in einer Glasschale aufgetürmt wird, das Aussehen von Himbeersahne. Das setzt Ihre Kaffeetafel perfekt in Szene!

MATERIAL

• ein Einmachglas (400 ml) • 240 g Sojawachs für Behälterkerzen • ein Baumwolldocht • 2 TL rosa Tonerde • ein Handrührgerät • eine Spritztüte mit Tülle (Sterntülle für Schlagsahne) • ein Teigschaber • geschnittener Lavendel (optional)

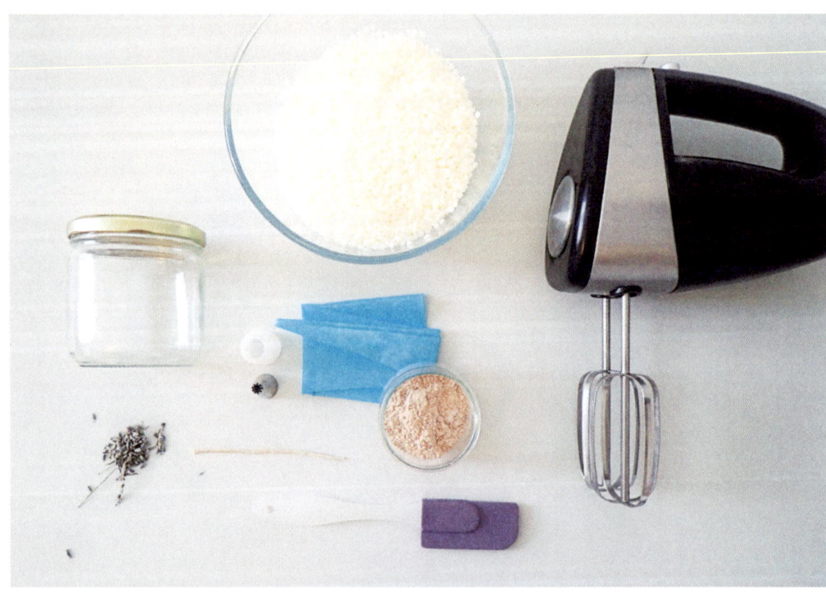

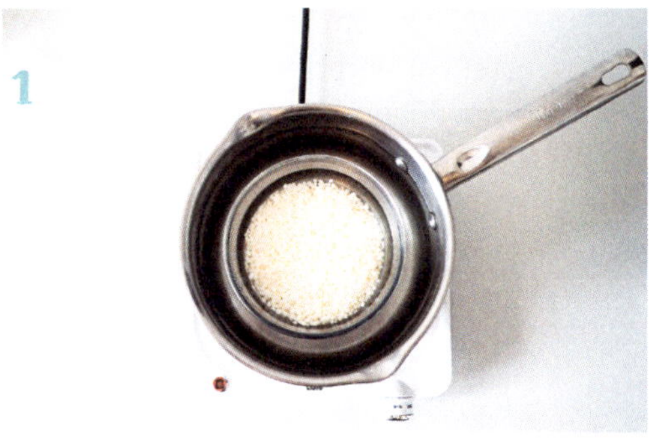

1. Geben Sie 120 g Wachs in eine Schale und platzieren Sie diese in einem Wasserbad, um das Wachs zu schmelzen. Nehmen Sie das Wachs vom Herd, sobald es geschmolzen ist.

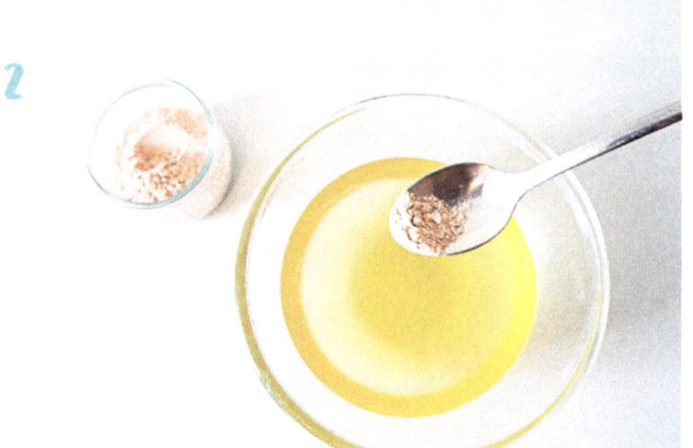

2. Fügen Sie 2 TL rosa Tonerde hinzu und rühren Sie so lange, bis das Wachs die Tonerde aufgenommen hat und ein gleichmäßiger Farbton entstanden ist.

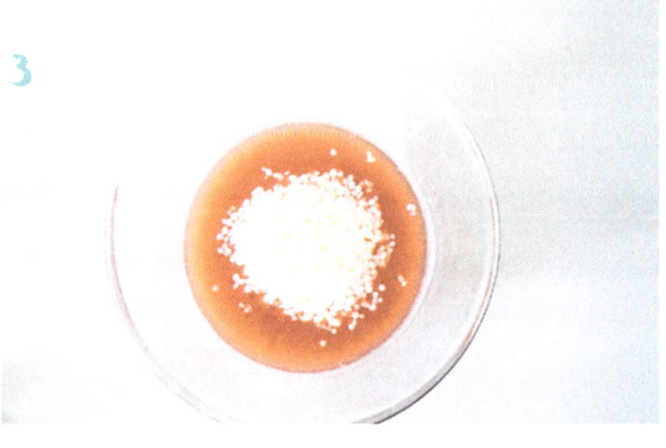

3. Arbeiten Sie 120 g Wachsflocken in das flüssige Wachs ein.

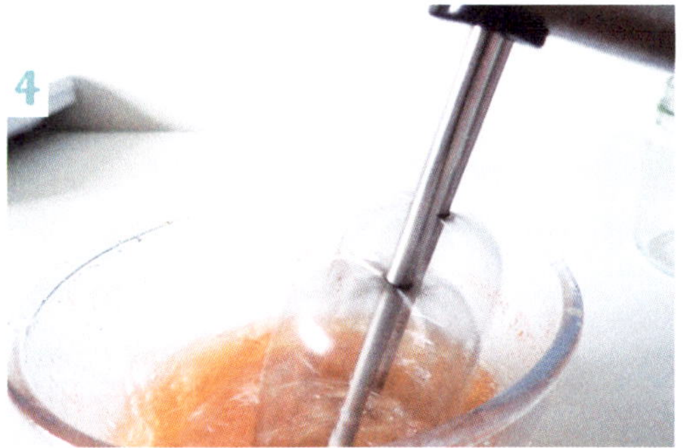

4. Schlagen Sie diese Mischung so lange mit dem Handrührgerät, bis eine Konsistenz entsteht, die echter Schlagsahne täuschend ähnlich ist.

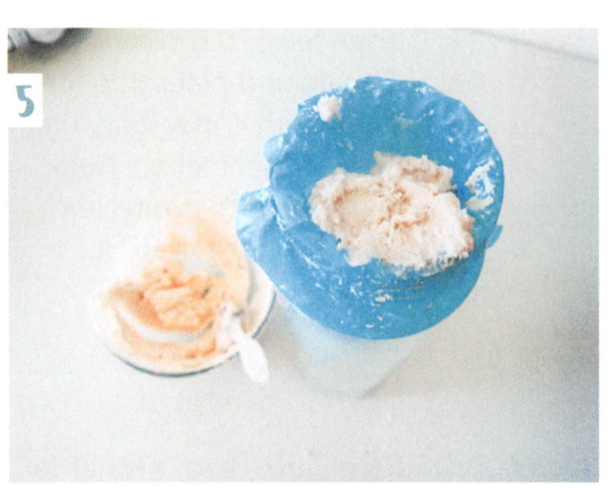

5. Bereiten Sie Ihren Spritzbeutel vor und bringen Sie die Tülle an. Füllen Sie dann den Beutel mit der Wachscreme. Schließen Sie den Spritzbeutel und drücken Sie das Wachs nach unten in Richtung Tüllenöffnung.

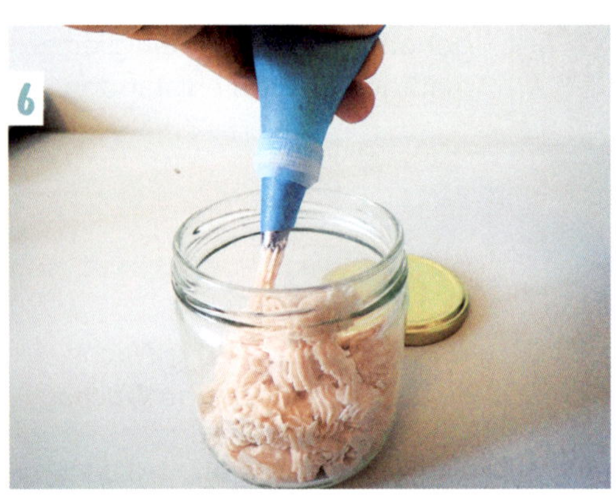

6. Drehen Sie den Spritzbeutel am oberen Ende zu und üben Sie mit der anderen Hand einen kontinuierlichen Druck auf die Wachsmasse aus, damit diese gleichmäßig durch die Tülle herausgedrückt wird. Spritzen Sie das Wachs mit kreisförmigen Bewegungen in Ihr Glasgefäß und schließen Sie mit einem hübschen Häubchen ab.

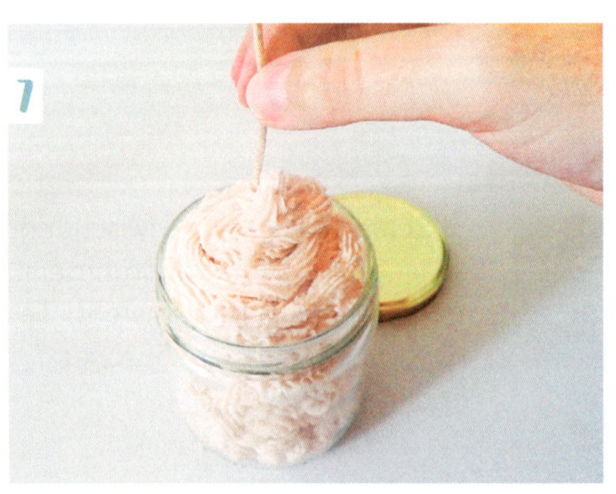

7. Schneiden Sie nun den Baumwolldocht zurecht. Die richtige Länge entspricht der Höhe des Gefäßes zuzüglich 3 cm. Führen Sie den Docht dann in die Kerze ein. Da das Wachs erst halbfest ist, hält er auch ohne Metallfuß. Nach 4 Stunden Ruhezeit ist Ihre Kerze fertig!

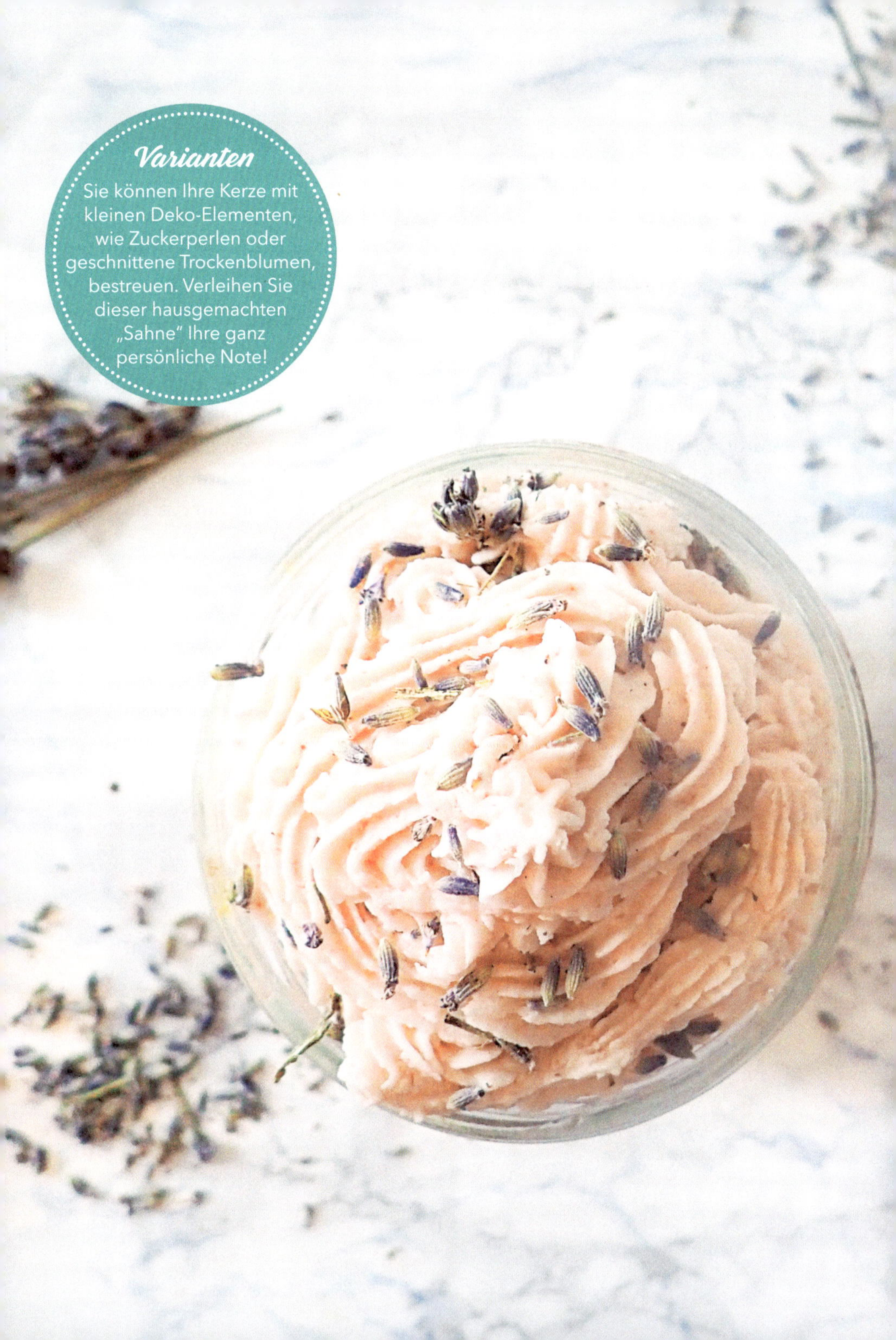

Varianten

Sie können Ihre Kerze mit kleinen Deko-Elementen, wie Zuckerperlen oder geschnittene Trockenblumen, bestreuen. Verleihen Sie dieser hausgemachten „Sahne“ Ihre ganz persönliche Note!

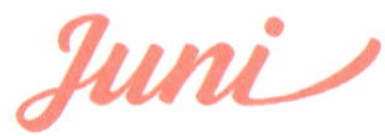

Blumenkränzchen zum Aufhängen

Der Juni bringt uns Sommerfeeling! Mit diesen Blumenkränzchen aus Wachs, die natürliche Düften verströmen, hält der Sommer auch seinen Einzug in Ihrem Zuhause. Ein wenig Originalität ist gefragt, wenn es darum geht, ein neues Ambiente zu schaffen – eine traditionelle Kerze wäre hier fehl am Platz. Hängen Sie ein Blumenkränzchen an die Wand – oder auch gleich mehrere – und bringen Sie auf diese Weise frischen Wind in Ihre Deko!

MATERIAL

• eine Silikon-Gießform mit ringförmigen Vertiefungen
• 125 g Sojawachs • 4 ml ätherisches Lavendelöl • 4 ml Rosenblütenextrakt
• 1 Messpipette • Freesienblüten • Rosenknospen • Lavendelzweige
• natürliches Hanfgarn

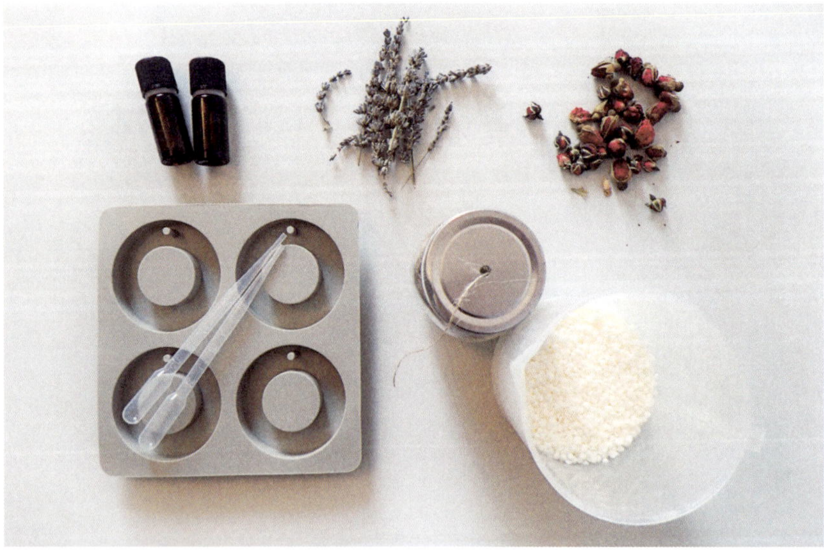

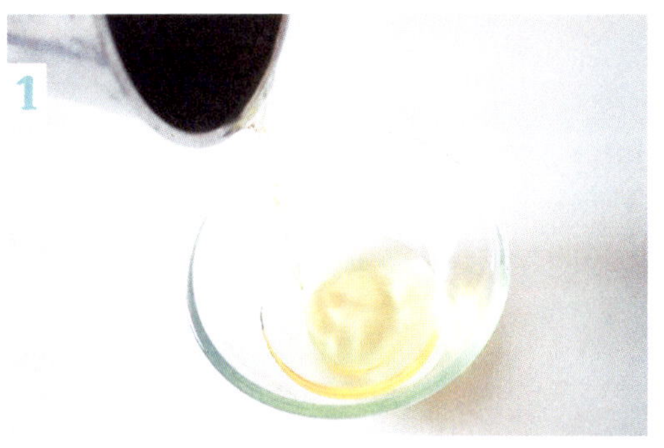

1. Schmelzen Sie 125 g Sojawachs in einem Wasserbad. Nehmen Sie das Wachs vom Herd, sobald es flüssig geworden ist.

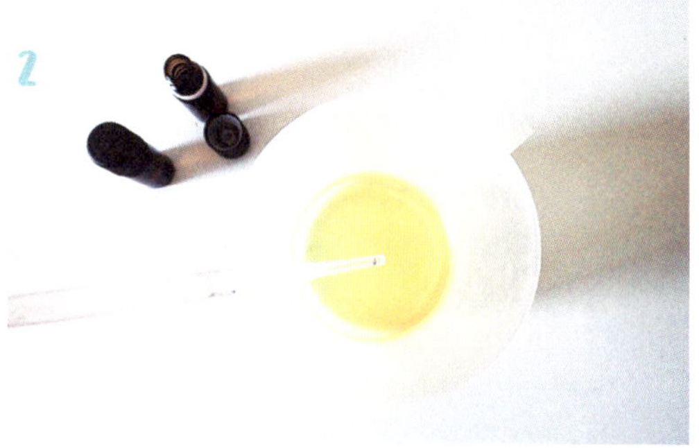

2. Geben Sie mit Ihrer Messpipette 4 ml ätherisches Lavendelöl und 4 ml Rosenblütenextrakt hinzu. Rühren Sie mit einem Holzstäbchen so lange um, bis die Wachsmasse vollkommen homogen ist.

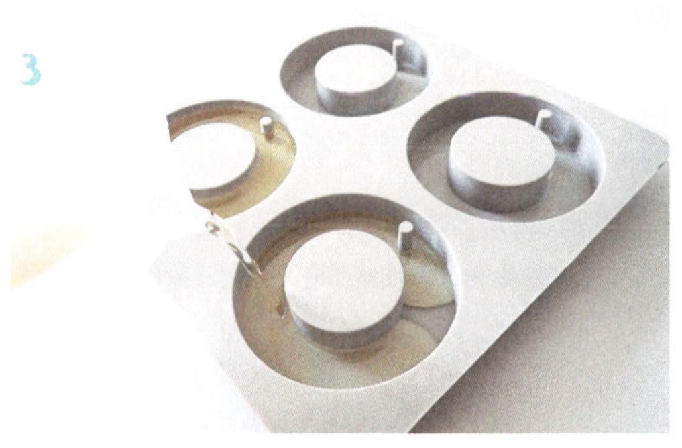

3. Gießen Sie das Wachs in die ringförmigen Vertiefungen Ihrer Silikonform. Achten Sie darauf, die Vertiefungen nicht vollständig zu füllen – es sollten 0,5 cm zum Oberrand bleiben.

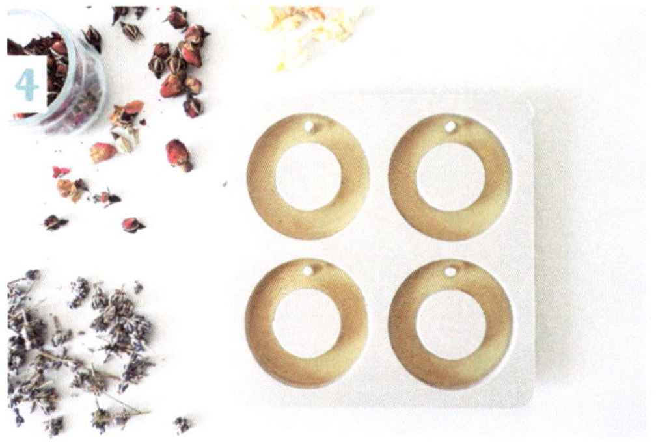

4. Lassen Sie das Wachs 10 Minuten abkühlen und beginnen Sie dann damit, den Blumenschmuck zu platzieren.

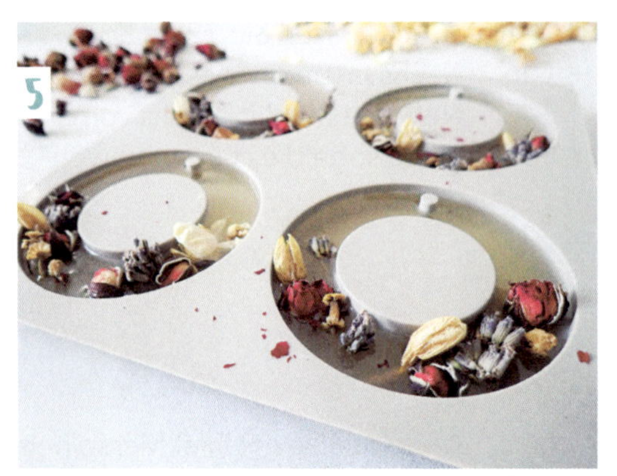

5. Verteilen Sie nun Lavendelblüten, Freesienblüten und Rosenknospen im noch warmen Wachs. Zerreiben Sie einige Lavendelblüten zwischen Ihren Fingern und lassen Sie die Krümelchen in das Wachs fallen. Sobald Ihre Komposition fertig ist, lassen Sie Ihre Wachskränze vollständig abkühlen.

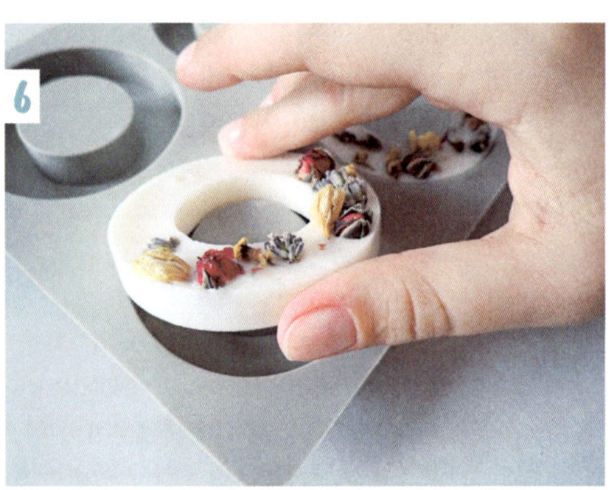

6. Wenn das Wachs fest ist, drehen Sie die Form um und drücken leicht gegen deren Unterseite, um die Kränze herauszulösen. Falls dies nicht auf Anhieb gelingt, hilft es, sachte auf die Unterseite der Form zu klopfen und die Ringe so zu lösen.

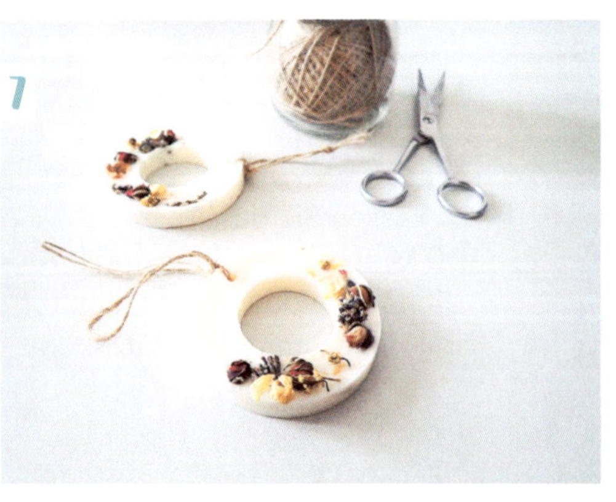

7. Bringen Sie an jedem Kranz ein Stück Kordel an. An der Wand oder an einem Möbelstück aufgehängt sind diese Blumenkränzchen ein Hingucker – und sie erfüllen Ihre Wohnräume mit einem herrlichen Duft!

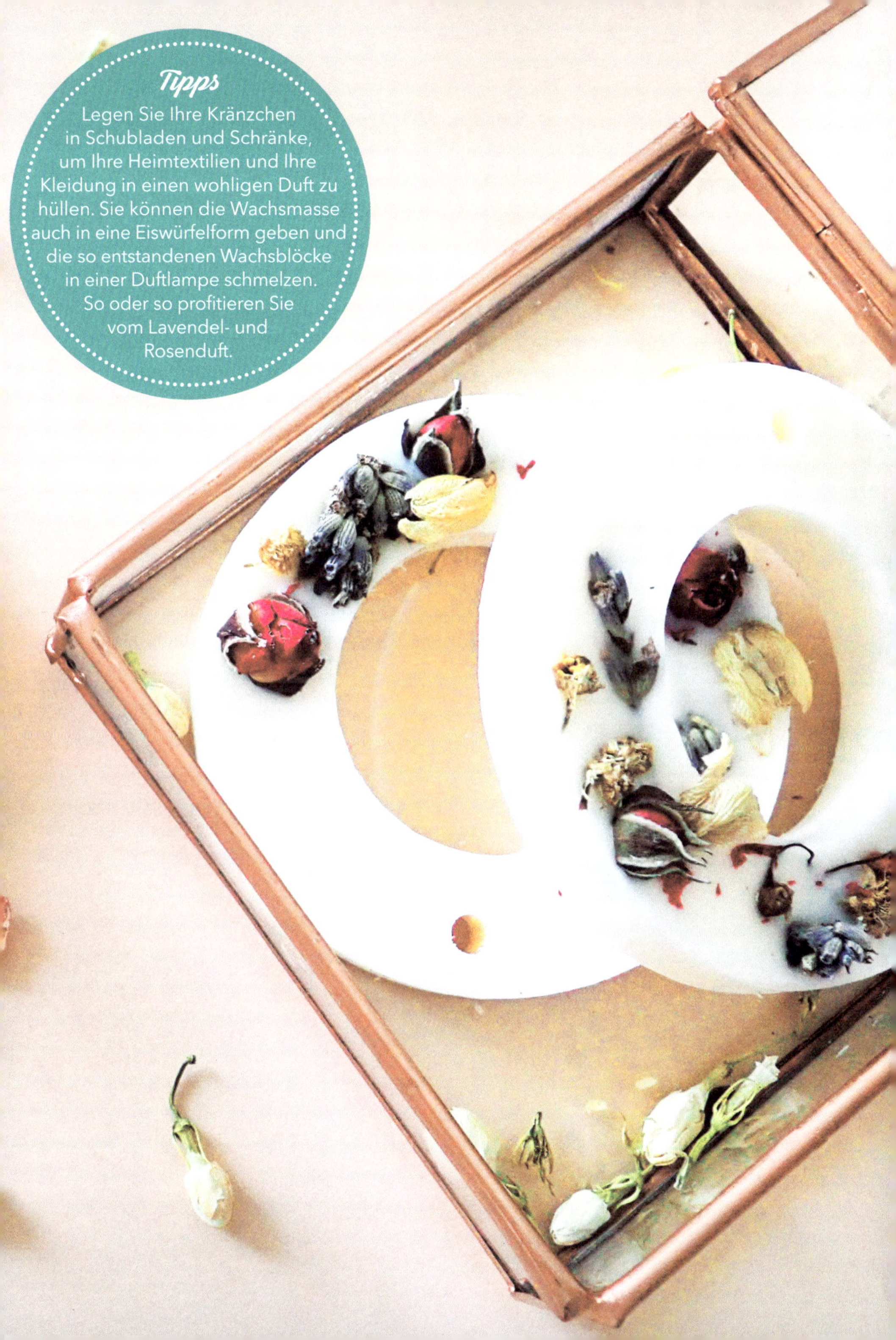

Tipps

Legen Sie Ihre Kränzchen in Schubladen und Schränke, um Ihre Heimtextilien und Ihre Kleidung in einen wohligen Duft zu hüllen. Sie können die Wachsmasse auch in eine Eiswürfelform geben und die so entstandenen Wachsblöcke in einer Duftlampe schmelzen. So oder so profitieren Sie vom Lavendel- und Rosenduft.

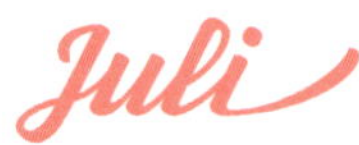

Der Lotos entfaltet sich

Die Urlaubszeit im Juli ist der perfekte Moment für bewusste Entspannung und Meditation. Die Lotosblüte steht für den Zustand des Erwachens, der aus der Meditation resultiert, und ist eine Inspiration für Yogalehrende und -praktizierende. Diese Kerze in Form einer Lotosblüte hüllt den Raum bei jedem Anzünden in ein angenehm warmes Licht und kann Sie dabei unterstützen, den ganzen Sommer lang vollkommen entspannt zu bleiben.

MATERIAL

• ein Glasgefäß (25 ml) mit 7 cm Durchmesser (zum Beispiel ein Wasserglas) • eine Lotosblüten-Silikonform mit 6 cm Durchmesser • 50 g Rapswachs • 90 g Sojawachs für Behälterkerzen • ein Baumwolldocht mit Metallfuß (die Länge des Dochts muss der 1,5-fachen Höhe des Glases entsprechen) • grüner Tee • Kleeknospen (die Sie in der Natur pflücken können) • getrocknete Schmetterlingserbsenblüten • 2 Holzstäbchen

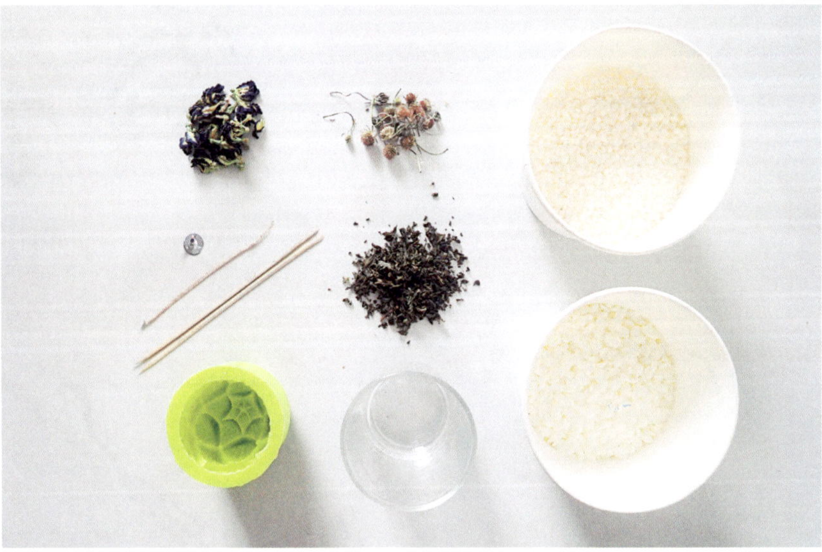

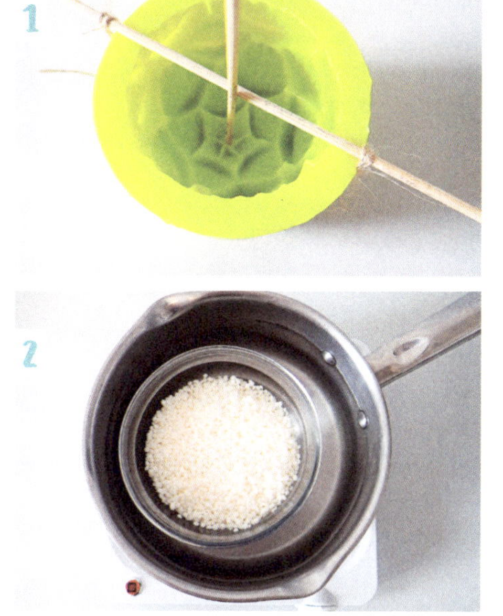
1

2

1. Stecken Sie ein Holzstäbchen, das der Stärke Ihres Dochts entspricht, in den Boden der Silikonform. Dadurch ist es später einfacher, den Docht in den Wachsblock einzuführen. Wenn das Stäbchen nicht gerade steht, können Sie es mit einem zweiten und etwas Bindfaden fixieren.

2. Schmelzen Sie 50 g Rapswachs im Wasserbad. Nehmen Sie das Wachs vom Herd, sobald es flüssig ist.

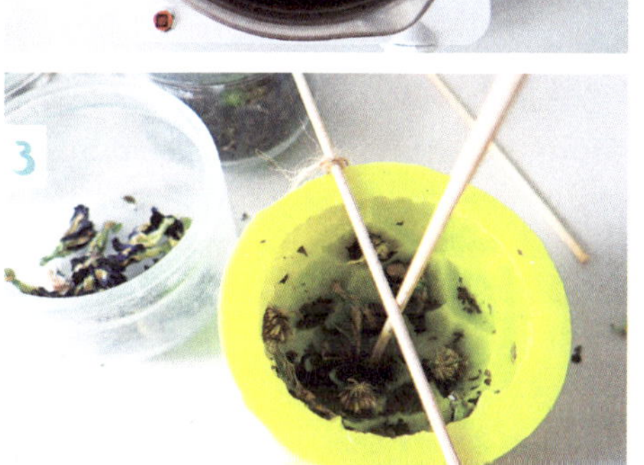
3

3. Verteilen Sie grünen Tee, Kleeknospen und Schmetterlingserbsenblüten in Ihrer Form. Platzieren Sie Ihre Pflanzendeko in den Ecken und Nischen der Form, sodass sie später die gesamte Kerzenoberfläche ziert.

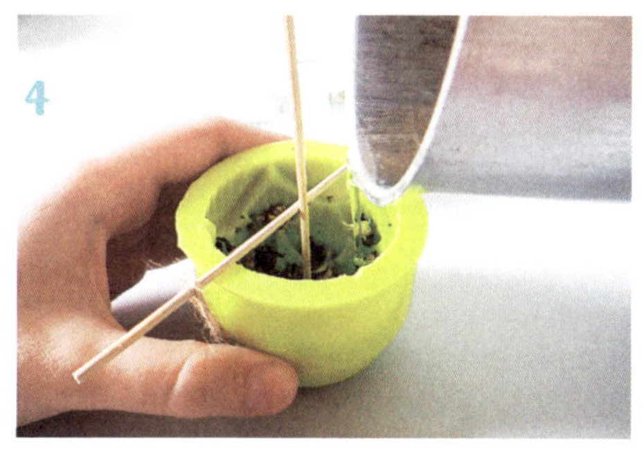
4

4. Gießen Sie langsam Wachs über die einzelnen Elemente, um sie an der Wand der Form zu fixieren.

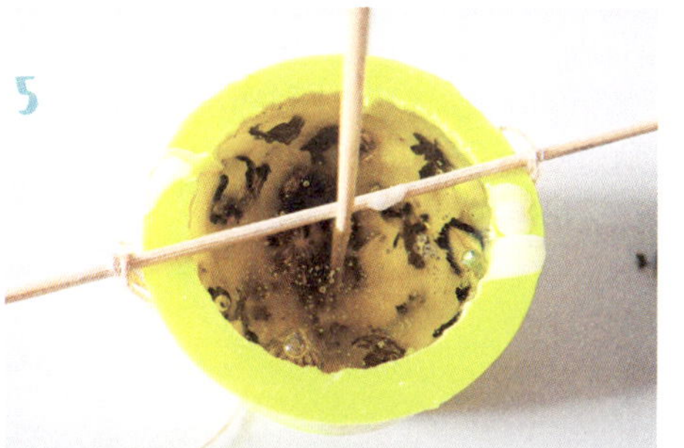
5

5. Warten Sie 5 Minuten, bis das Wachs fest geworden ist, und füllen Sie die Form anschließend nach und nach vollständig auf. Warten Sie unbedingt, bis das Wachs vollständig erstarrt ist, ehe Sie fortfahren.

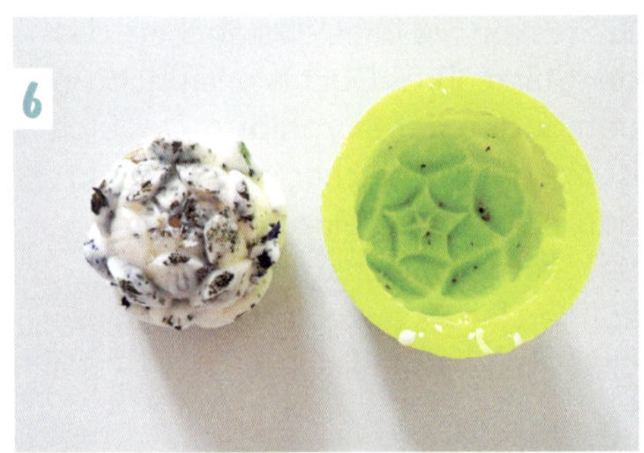

6. Wenn der Wachsblock komplett ausgekühlt ist, ziehen Sie das Holzstäbchen heraus und lösen ihn aus der Form.

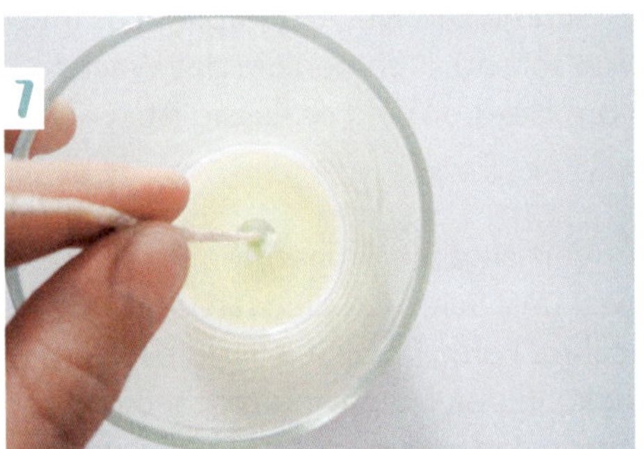

7. Nun wird der untere Teil der Kerze angefertigt. Schmelzen Sie dazu 90 g Sojawachs im Wasserbad. Sobald es flüssig ist, nehmen Sie es vom Herd. Gießen Sie eine kleine Menge in das Glas und fixieren Sie darin den Docht mit dem Metallfuß.

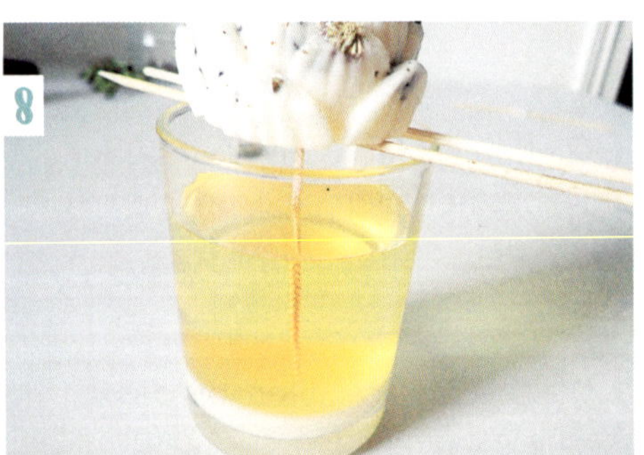

8. Sobald das Wachs um den Docht herum erstarrt ist, fädeln Sie seinen oberen Teil durch das Loch in der Lotosblüte. Halten Sie diese nun mit einer Hand fest und gießen Sie mit der anderen das restliche warme Wachs in das Glas. Legen Sie dann zwei Holzstäbchen oben auf das Glas und setzen Sie die Lotosblüte darauf. Der Docht sollte sich genau in der Mitte befinden, damit er später gut abbrennen kann.

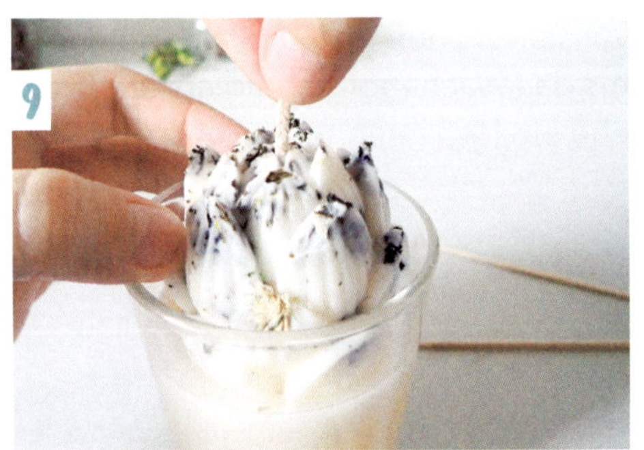

9. Warten Sie, bis das Wachs im Glas fast erstarrt ist – das kann 20 bis 25 Minuten dauern. Entfernen Sie dann die zwei Holzstäbchen und lassen Sie die Lotosblüte am Docht entlang ins Glas hinabgleiten. Nach 2 Stunden Ruhezeit den überschüssigen Docht oben abschneiden.

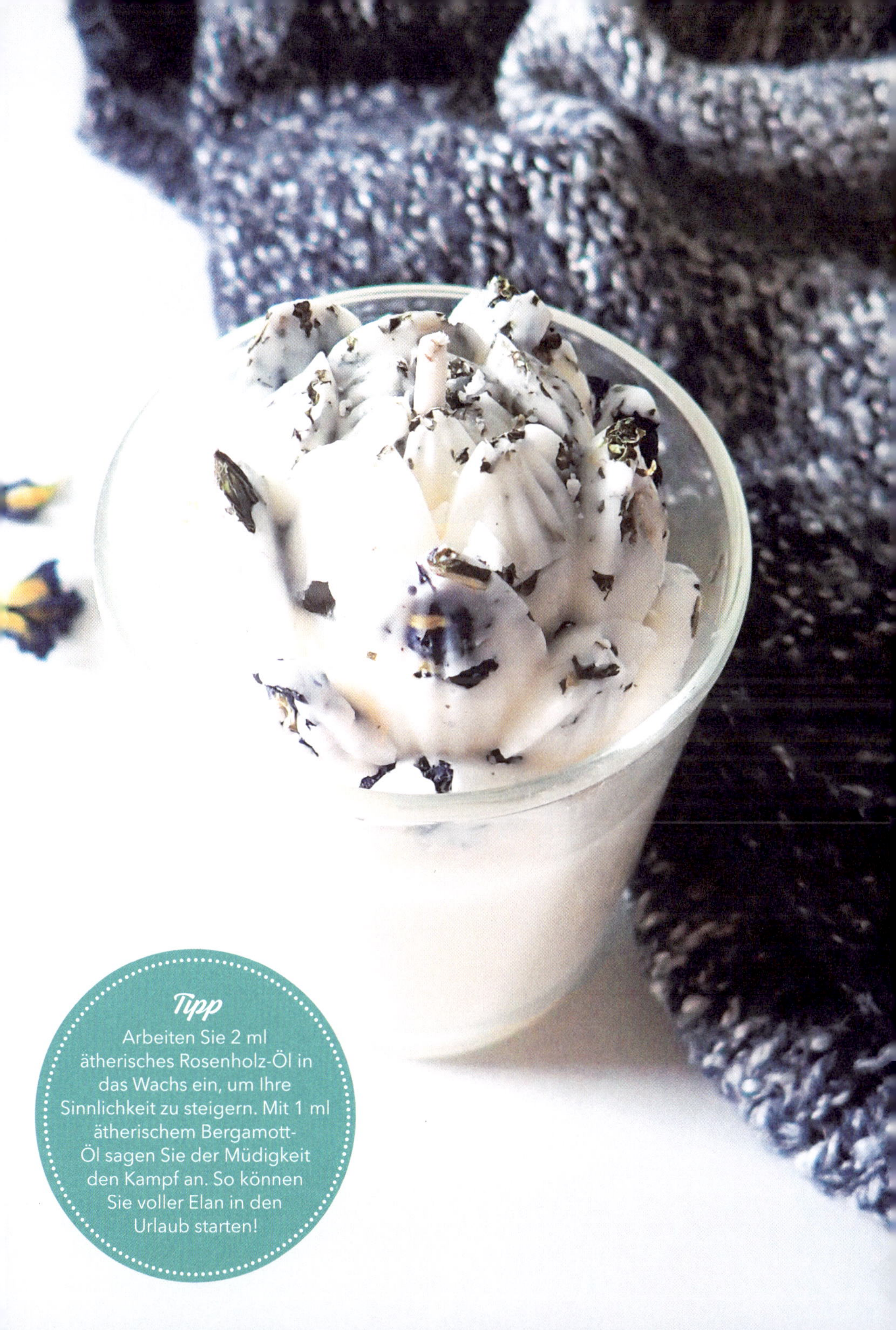

Tipp

Arbeiten Sie 2 ml ätherisches Rosenholz-Öl in das Wachs ein, um Ihre Sinnlichkeit zu steigern. Mit 1 ml ätherischem Bergamott-Öl sagen Sie der Müdigkeit den Kampf an. So können Sie voller Elan in den Urlaub starten!

August

Perfekte Mückenabwehr

Mückenstiche? Nein, danke! Diese Anti-Stechmücken-Kerze wird im Sommer zum Dauergast auf Ihrem Esstisch. Die ätherischen Öle von Zitronengras und Zitrone sind starke natürliche Abwehrmittel gegen Insekten, vor allem gegen Stechmücken. Der Eukalyptus befreit außerdem Ihre Atemwege und lindert kleine Reizungen.

MATERIAL

• 2 Bio-Zitronen • 100 g Sojawachs • 4 breite Holzdochte und 4 Halter • 1 ml ätherisches Zitronengras-Öl • ½ ml ätherisches Zitronen-Öl • ½ ml ätherisches Eukalyptus-Öl • 1 Messpipette • geschnittene Zitronengrashalme • 1 Messer • 1 Holzstäbchen

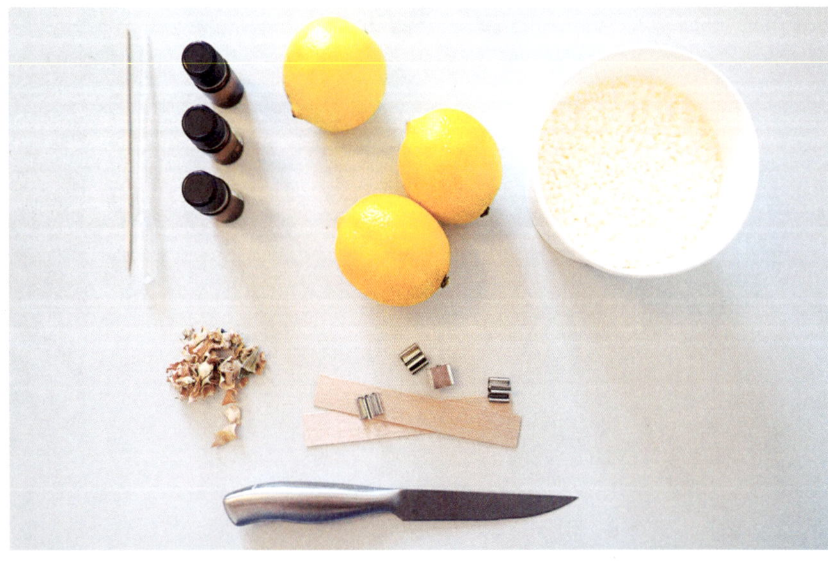

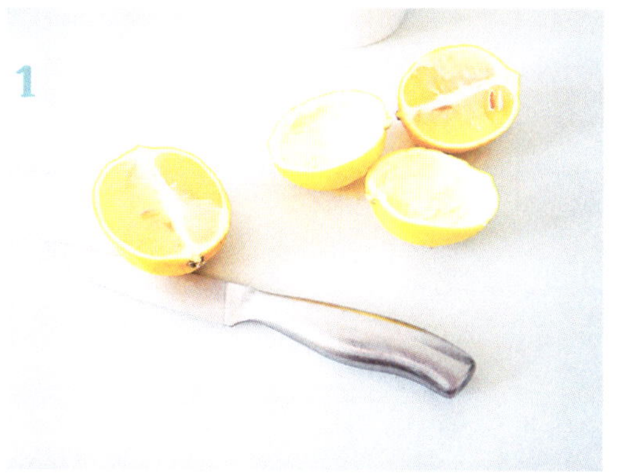

1. Halbieren Sie die Zitronen der Länge nach. Entfernen Sie ganz vorsichtig mithilfe eines Messers das Fruchtfleisch der Zitronen – bereiten Sie damit doch später eine Limonade zu! Lassen Sie die Schalen einige Stunden in der Sonne trocknen.

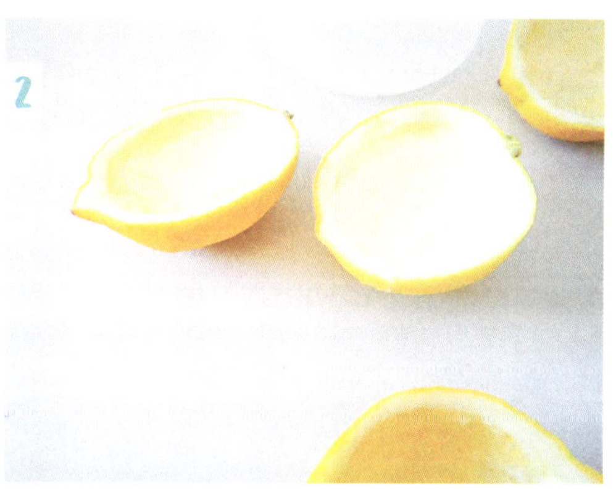

2. Füllen Sie die Zitronenhälften mit Wasser, um abzumessen, wie viel Wachs Sie benötigen – im hier gezeigten Fall fassen die 4 Zitronenhälften 100 ml , was 100 g Wachs entspricht. Schmelzen Sie das Wachs im Wasserbad und nehmen Sie es vom Herd, sobald es geschmolzen ist.

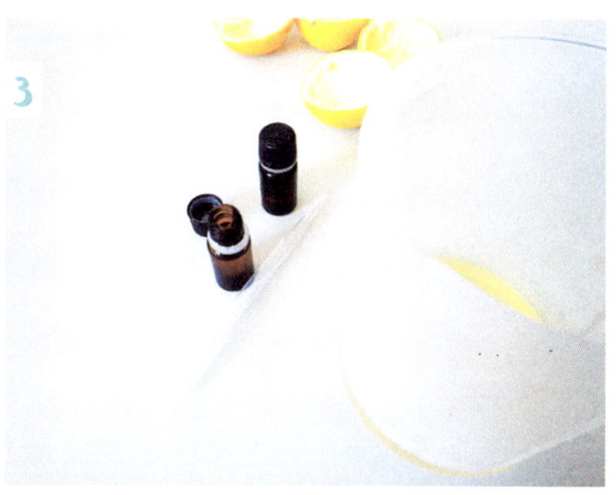

3. Fügen Sie dem flüssigen Wachs 1 ml ätherisches Zitronengras-Öl, ½ ml ätherisches Zitronen-Öl und ½ ml ätherisches Eukalyptus-Öl hinzu. Mischen Sie es mithilfe eines Holzstäbchens so lange durch, bis eine homogene Masse entstanden ist.

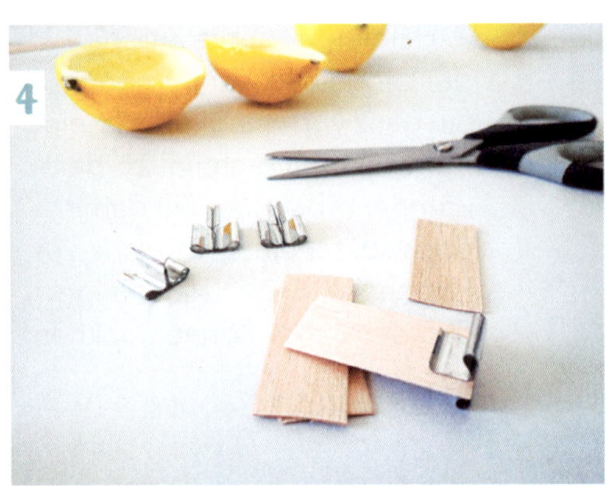

4. Schneiden Sie Ihre Dochte zu, indem Sie sich an der Höhe der Zitronenhälften orientieren. Die Dochte sollten 1 cm aus dem Wachs ragen. Bringen Sie die Halter an den Dochten an.

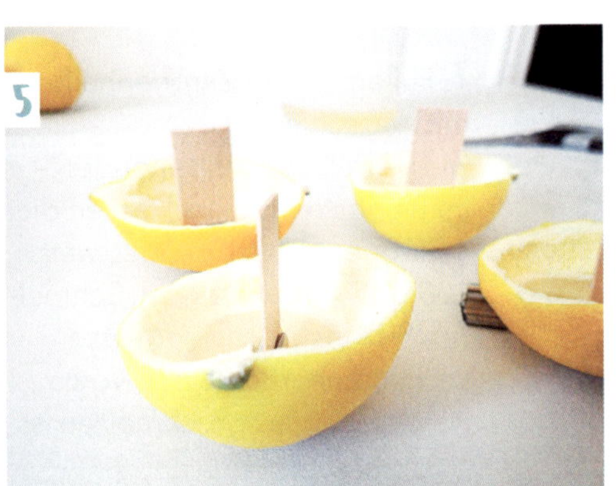

5. Gießen Sie Ihre Wachszubereitung in die Zitronenhälften. Es sollten 0,5 mm zum Oberrand bleiben. Warten Sie dann, bis das Wachs abzukühlen beginnt – das dauert ungefähr 5 bis 8 Minuten. Sobald das Wachs nicht mehr heiß ist, platzieren Sie die Dochte in der Mitte der Zitronenhälften. Sie müssen ohne weitere Stütze stehen bleiben.

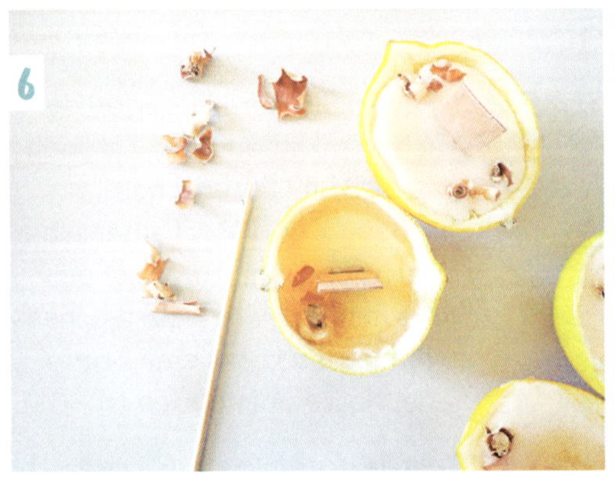

6. Verteilen Sie auf dem noch warmen Wachs Lavendelblüten und geschnittene Zitronengrashalme als natürliche Dekoration. Lassen Sie die Kerzen 2 Stunden abkühlen, dann sind sie fertig zur Verwendung.

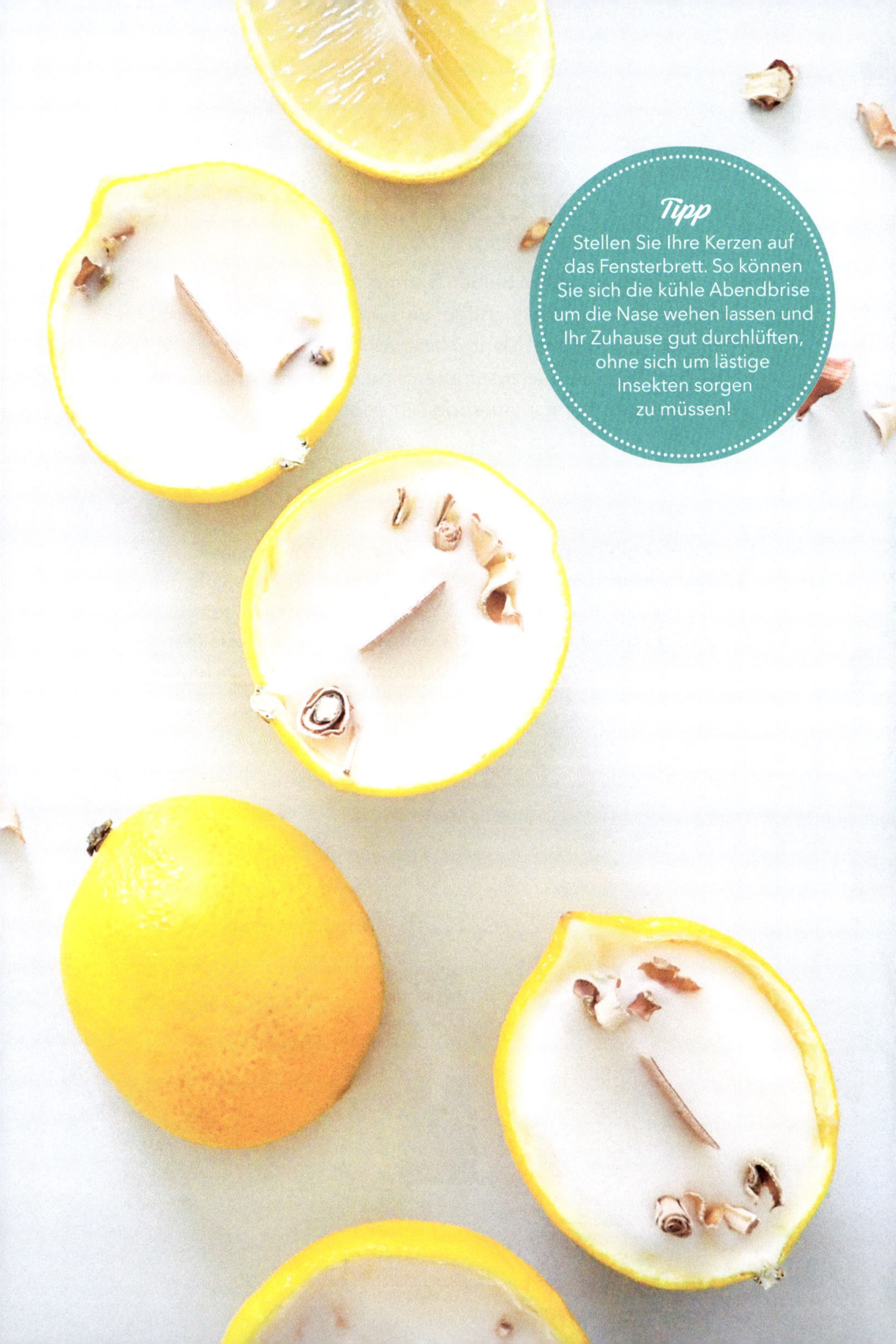

Tipp

Stellen Sie Ihre Kerzen auf das Fensterbrett. So können Sie sich die kühle Abendbrise um die Nase wehen lassen und Ihr Zuhause gut durchlüften, ohne sich um lästige Insekten sorgen zu müssen!

September

Frühherbstliche Frische

Zum Ende eines drückend heißen Sommers ist ein frischer Duft für Ihre Wohnräume genau das Richtige, und was könnte sich dafür besser eignen als Pfefferminze! Ylang-Ylang verleiht ihr eine spezielle Note und beide ätherische Öle zusammen sind die beste Voraussetzung für eine angenehm entspannende Atmosphäre in Ihrem Zuhause.

MATERIAL

• ein Pappschälchen (400 ml) • 300 g Rapswachs
• 2 Baumwolldochte und 2 Metallfüße • 3 ml ätherisches Pfefferminzöl
• 3 ml ätherisches Ylang-Ylang-Öl • 2 Messpipetten
• 5 g Schälerbsen (halbiert) • getrocknete Hortensienblüten
• getrocknete Minzeblätter • Wildblumen aus dem Garten (optional)
• ein Holzstäbchen

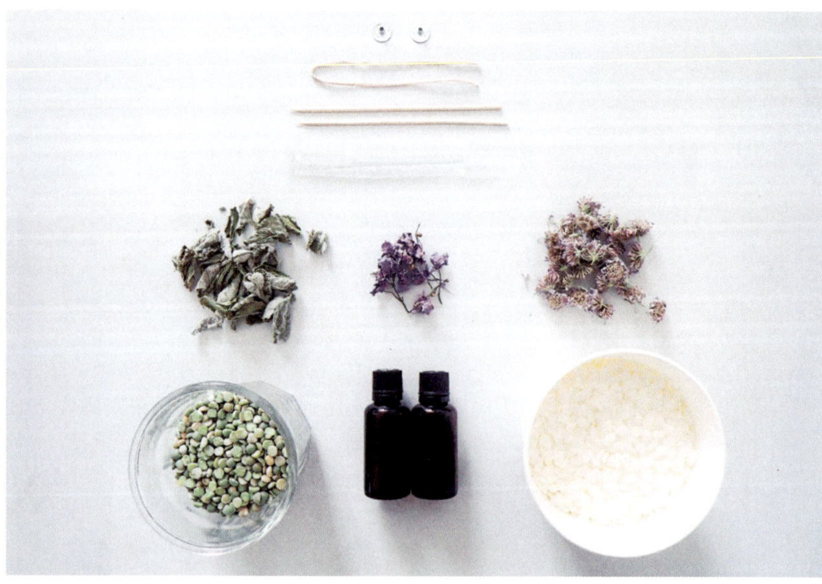

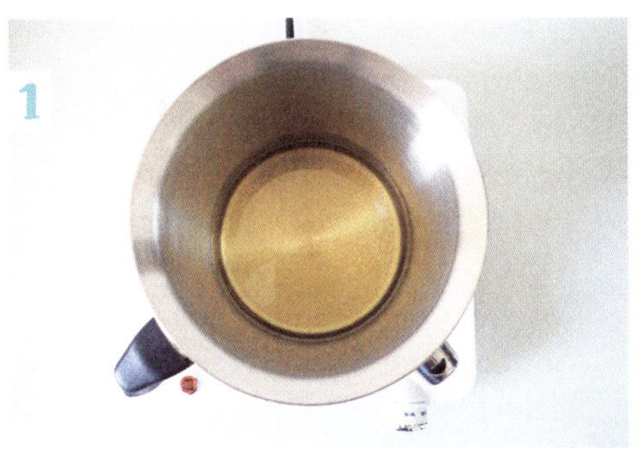

1. Schmelzen Sie 300 g Rapswachs im Wasserbad. Nehmen Sie das Wachs vom Herd, sobald es flüssig geworden ist.

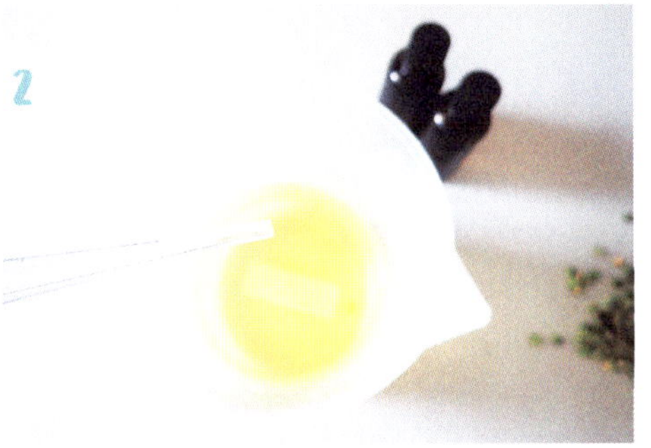

2. Geben Sie 3 ml ätherisches Pfefferminz-Öl sowie 3 ml ätherisches Ylang-Ylang-Öl in das Wachs und mischen Sie es gut durch, damit eine homogene Masse entsteht und sich die Aromen entfalten können.

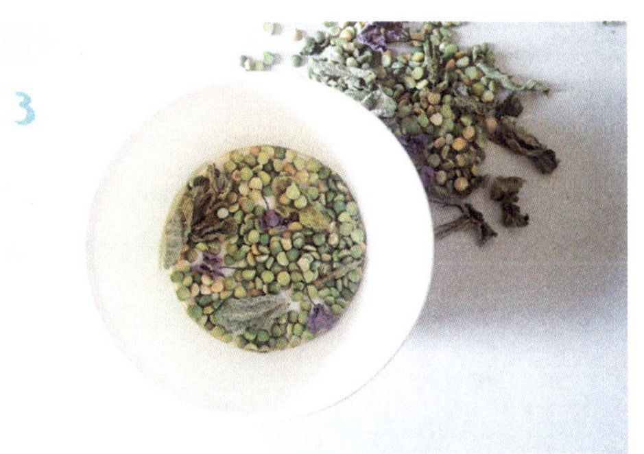

3. Verteilen Sie die Schälerbsen auf dem Boden Ihres Pappschälchens, dann die Hortensienblüten und die getrocknete Minze.

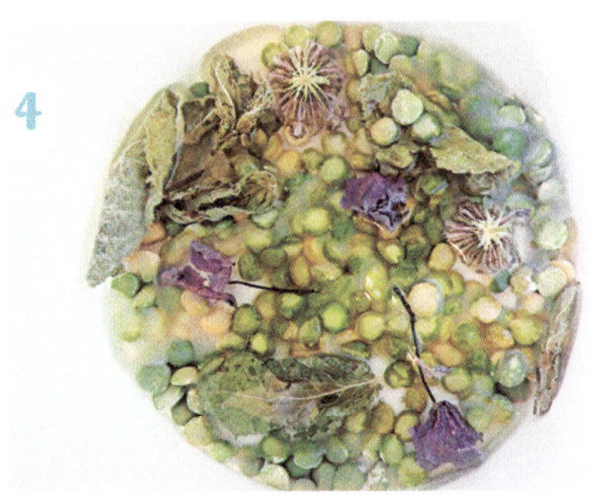

4. Gießen Sie nach und nach etwas heißes Wachs über die Deko-Elemente, bis diese leicht bedeckt sind. Warten Sie, bis das Wachs fest wird. Verteilen Sie weitere Deko-Elemente an der Innenwand des Pappschälchens und gießen Sie mehr Wachs nach. Arbeiten Sie sich stufenweise nach oben voran.

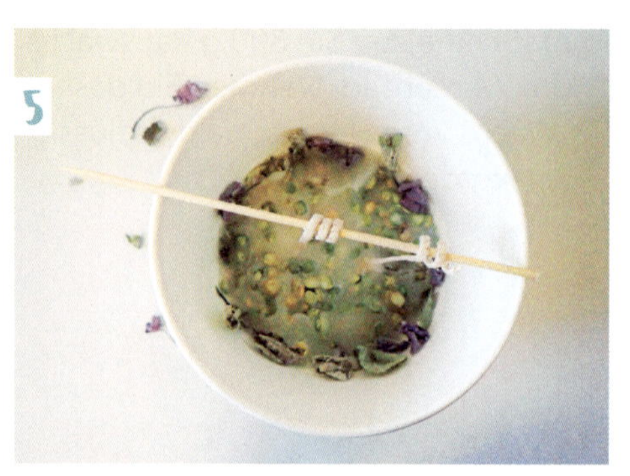

5. Platzieren Sie Ihre zuvor zusammengesetzten Dochte (s. S. 15) in der Mitte des Schälchens im noch weichen Wachs. Der Abstand zwischen beiden Dochten sollte 4 cm betragen. Fixieren Sie die Dochte mithilfe eines Stäbchens, das Sie quer über das Schälchen legen.

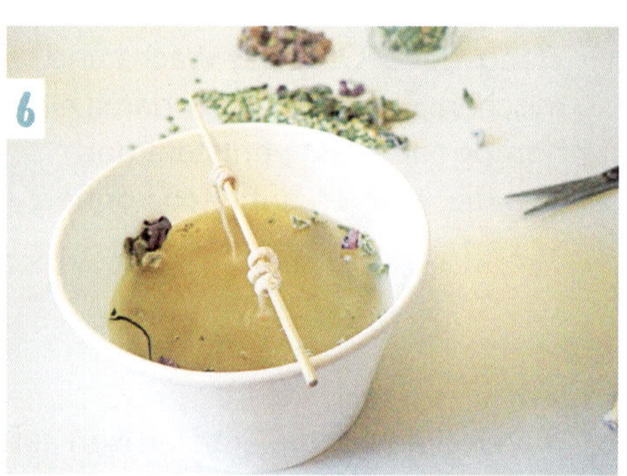

6. Gießen Sie das restliche Wachs hinein. Legen Sie nach 10 Minuten, wenn das Wachs leicht abgekühlt ist, 1 oder 2 Blüten auf die Oberfläche. Zerdrücken Sie dann ein wenig Minze zwischen Ihren Fingern und bestreuen Sie das Wachs mit den Krümelchen.

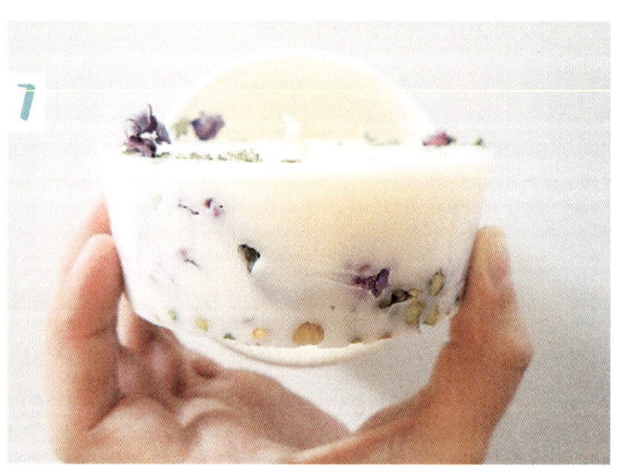

7. Nach 4 Stunden Ruhezeit können Sie Ihre Kerze aus der Form lösen, indem Sie sie einfach an den Dochten herausziehen. Schneiden Sie die Dochte auf passende Länge ab. Schon ist Ihre Kerze fertig!

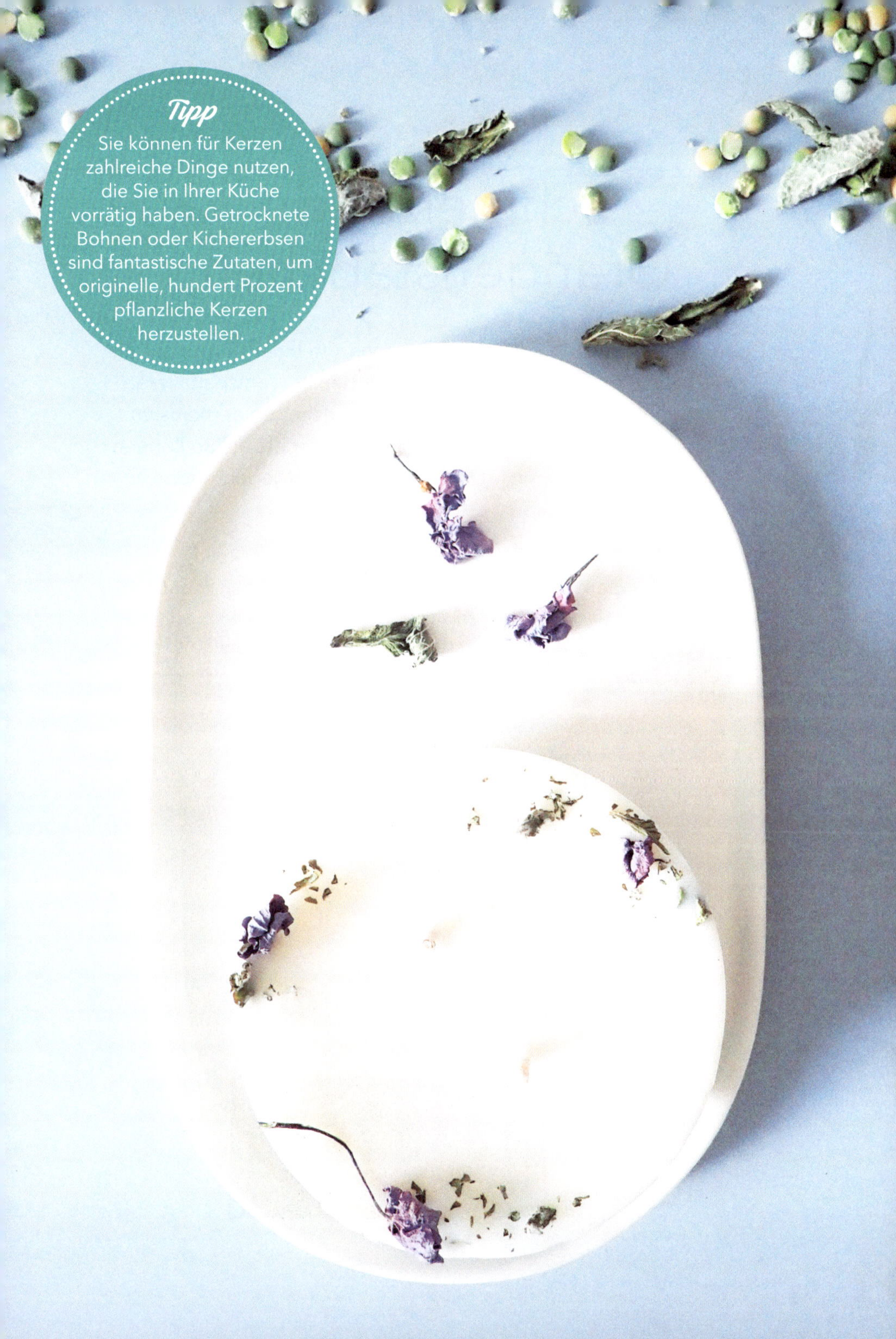

Tipp

Sie können für Kerzen zahlreiche Dinge nutzen, die Sie in Ihrer Küche vorrätig haben. Getrocknete Bohnen oder Kichererbsen sind fantastische Zutaten, um originelle, hundert Prozent pflanzliche Kerzen herzustellen.

Oktober

Schmelzende Orangenstäbchen

Diese Wachsstäbchen eignen sich bestens, um Ihren Körper auf die Winterkälte vorzubereiten. Die erfrischenden und entspannenden Eigenschaften des ätherischen Patschuli-Öls regen gemeinsam mit dem ätherischen Orangen-Öl Ihre Abwehrkräfte an. So können Sie den kalten Tagen im Herbst gestärkt entgegentreten.

MATERIAL

• eine Duftlampe • 1 Silikonform Ihrer Wahl (hier: Stäbchen, 8 x 50 ml) • 240 g Wachs • 4 ml ätherisches Patschuli-Öl • 4 ml ätherisches Orangen-Öl • 2 Messpipetten • Orangenschalen • getrocknete Jasminblüten • ein Holzstäbchen

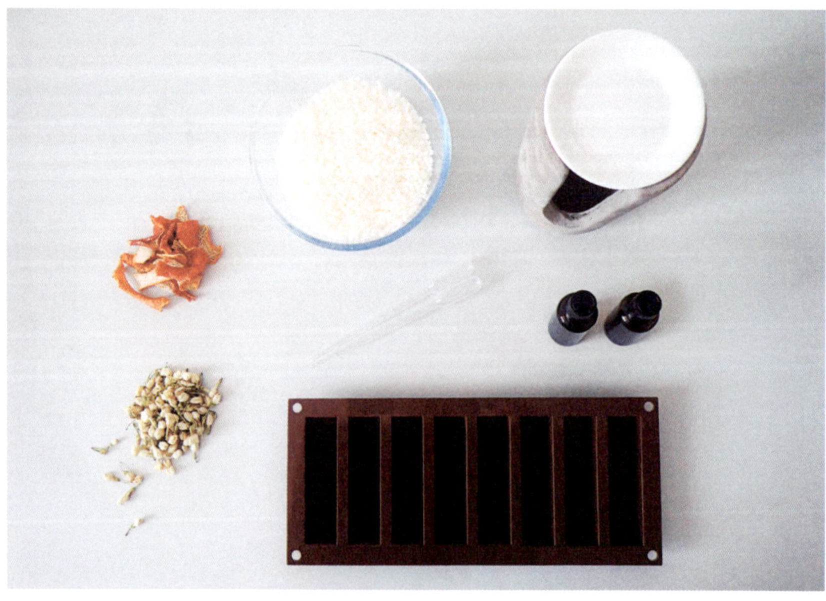

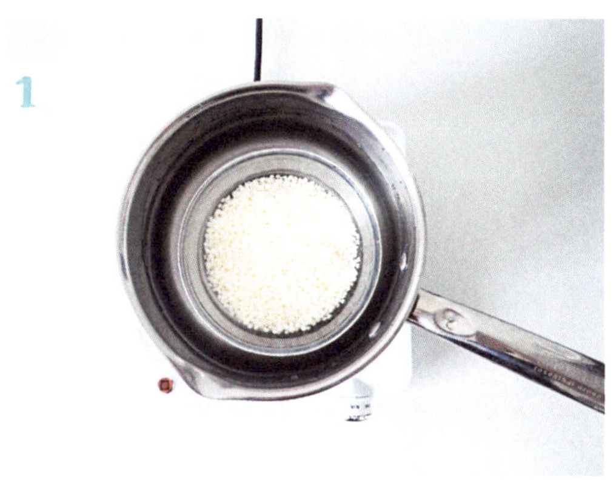

1. Schmelzen Sie 240 g Wachs im Wasserbad. Nehmen Sie das Wachs vom Herd, sobald es flüssig ist.

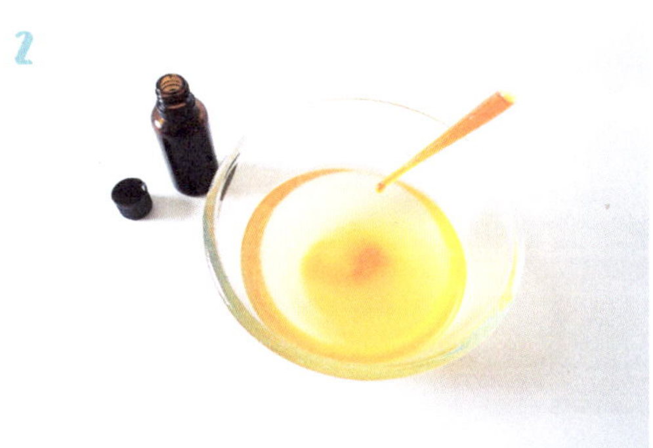

2. Geben Sie mithilfe der Messpipetten 4 ml ätherisches Patschuli-Öl und 4 ml ätherisches Orangen-Öl zum Wachs hinzu. Mischen Sie Wachs und Öl gründlich, um den Duft gleichmäßig zu verteilen.

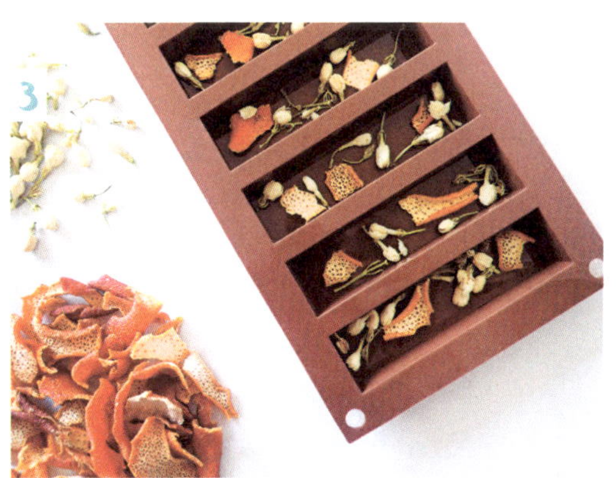

3. Platzieren Sie die Orangenschalen und die Jasminblüten auf dem Boden Ihrer Silikonform.

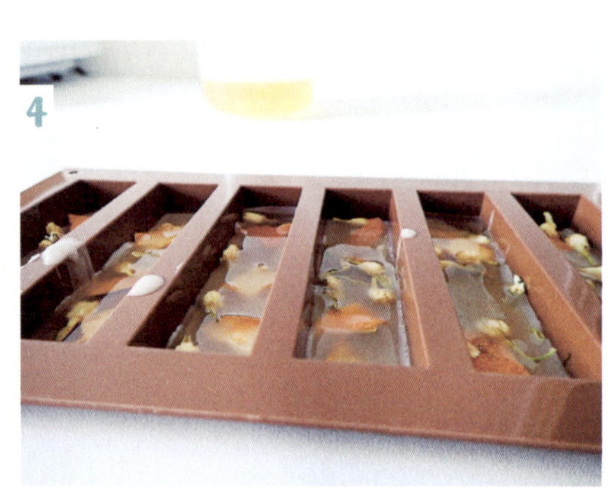

4. Im nächsten Schritt geht es darum, die Deko-Elemente – also die Schalen und Blüten – auf dem Boden der Form zu fixieren. Gießen Sie dazu so viel Wachs in jede Vertiefung, dass die Deko-Elemente gerade bedeckt sind.

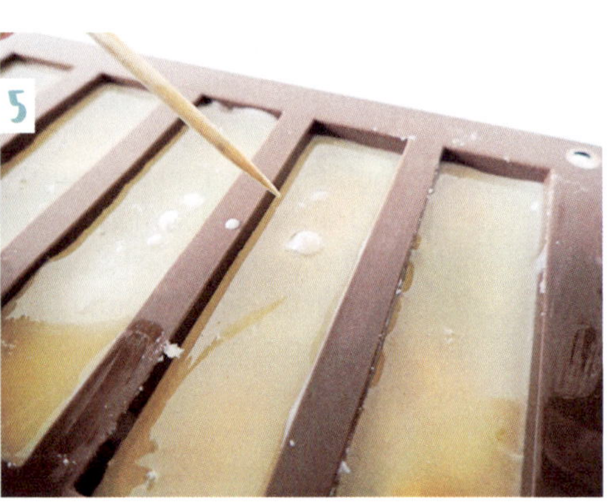

5. Warten Sie 5 Minuten, bis das Wachs erstarrt ist, und befüllen Sie dann die Vertiefungen mit dem restlichen parfümierten Wachs. Bei diesem Schritt ist es möglich, dass sich Luftbläschen bilden. Diese können Sie, wenn Sie möchten, mit der Spitze eines Holzstäbchens aufstechen.

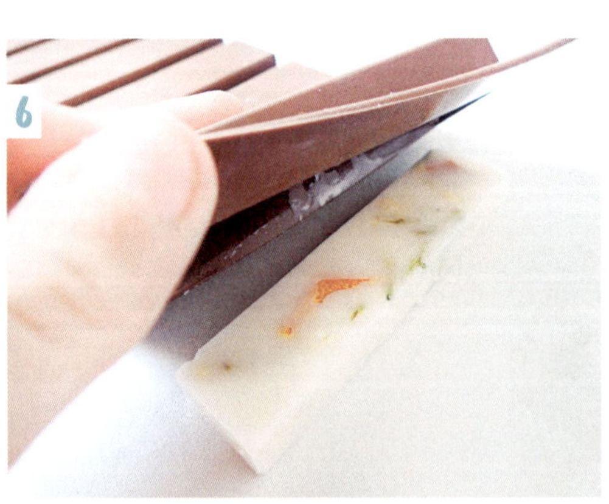

6. Nach 2 Stunden Ruhezeit können Sie Ihre Duftstäbchen aus der Form lösen, indem Sie leicht auf die Rückseite der Form klopfen. Um von den wohltuenden Eigenschaften der ätherischen Öle zu profitieren, halbieren Sie ein Wachsstäbchen und legen es in die Schale einer Duftlampe.

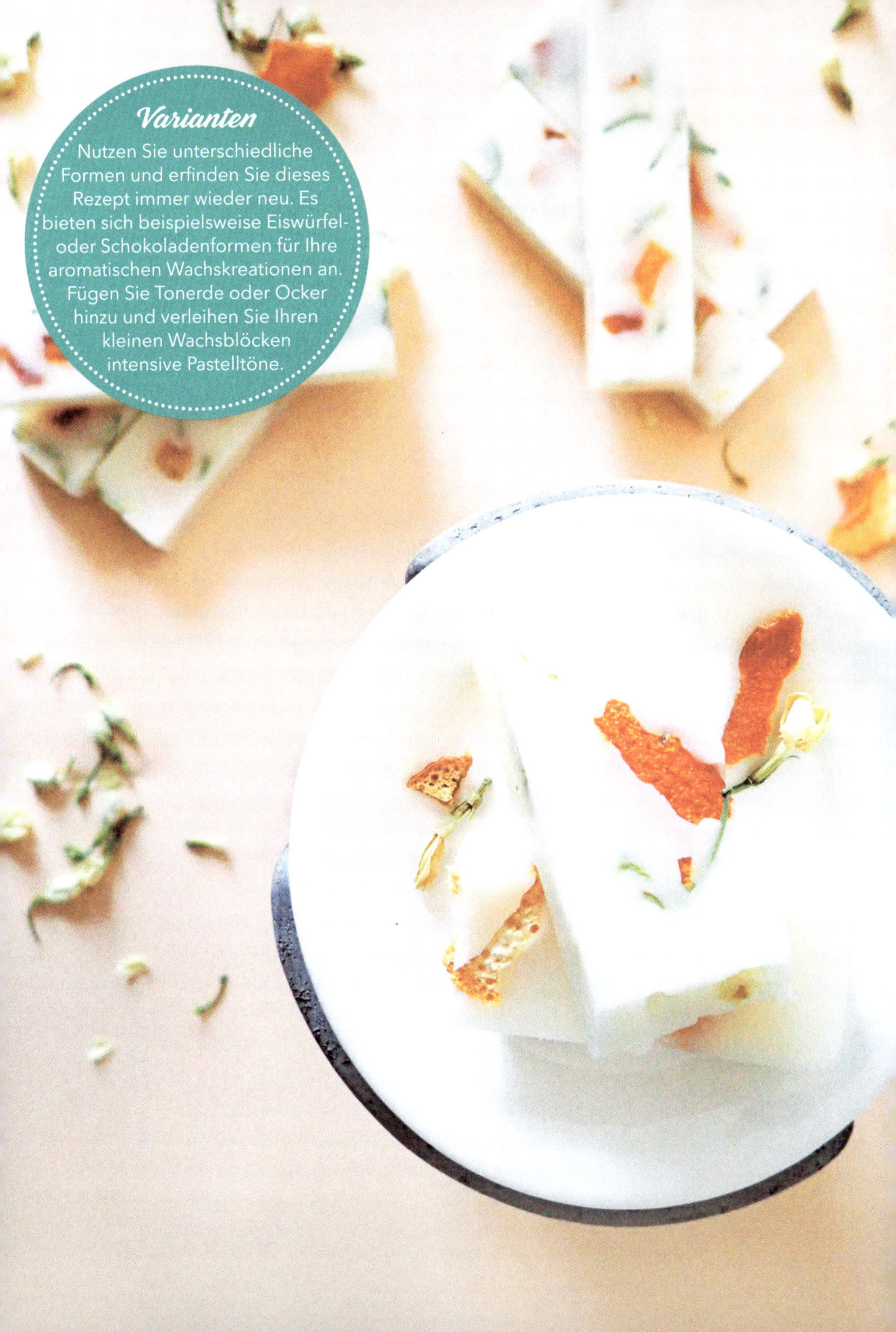
Varianten
Nutzen Sie unterschiedliche Formen und erfinden Sie dieses Rezept immer wieder neu. Es bieten sich beispielsweise Eiswürfel- oder Schokoladenformen für Ihre aromatischen Wachskreationen an. Fügen Sie Tonerde oder Ocker hinzu und verleihen Sie Ihren kleinen Wachsblöcken intensive Pastelltöne.

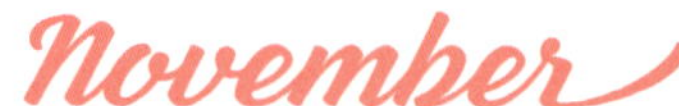

Geometrische Kerze mit Farbverlauf

Der November ist da und hat dicke, schwarze Regenwolken mitgebracht. Um Herbstdepressionen keine Chance zu geben, ist diese farbenfrohe Kerze genau das Richtige. In diesem Rezept lernen Sie, wie Sie mithilfe von Mineralpigmenten und naturfarbenem Ton einen Farbverlauf kreieren können.

MATERIAL

• eine geometrische Kerzengießform mit Dochtöffnung • 120 g Sojawachs für Stumpenkerzen • 3 kleine Gläser zum Beispiel Joghurtgläser • ein Baumwolldocht • 1 TL rosa Tonerde • 1 Prise lila Mineralpigment • 1 Holzstäbchen

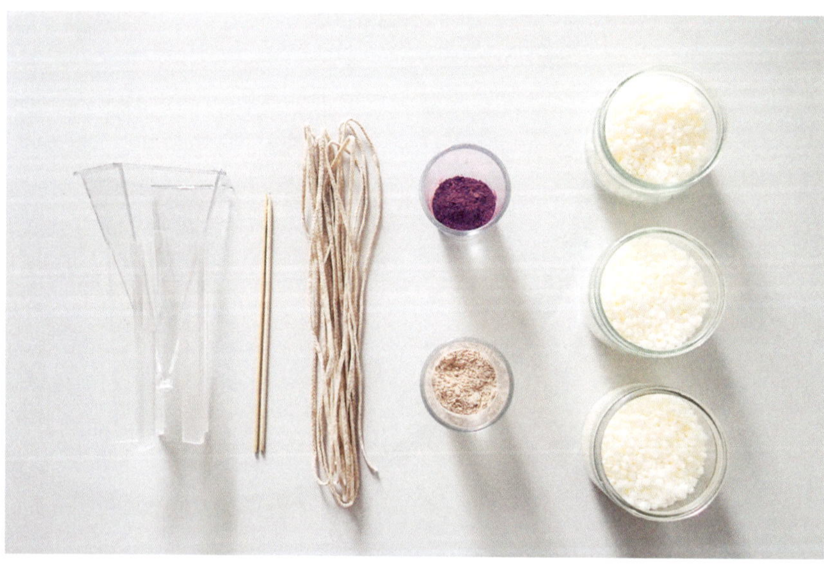

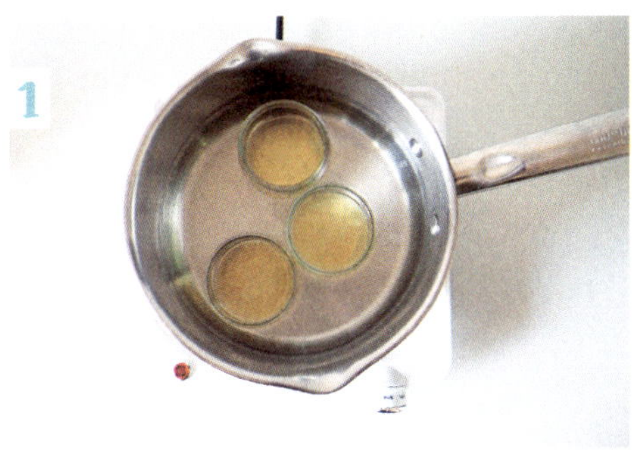

1. Teilen Sie die 120 g Wachs in drei gleiche Teile auf, also 40 g Wachs pro Glas. Stellen Sie die Gläser ins Wasserbad. Nehmen Sie das Wachs vom Herd, sobald es geschmolzen ist.

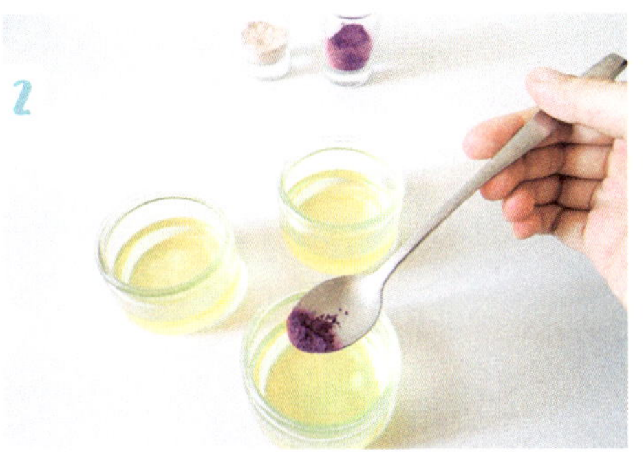

2. Stellen Sie alle drei Gläser vor sich hin. Das Wachs in einem der Gläser bleibt, wie es ist. In das zweite Glas geben Sie 1 TL rosa Tonerde, in das dritte Glas 1 Prise lila Mineralpigment. Rühren Sie die Masse in den Gläsern mit den Farbstoffen so lange um, bis die Farbe einheitlich aussieht.

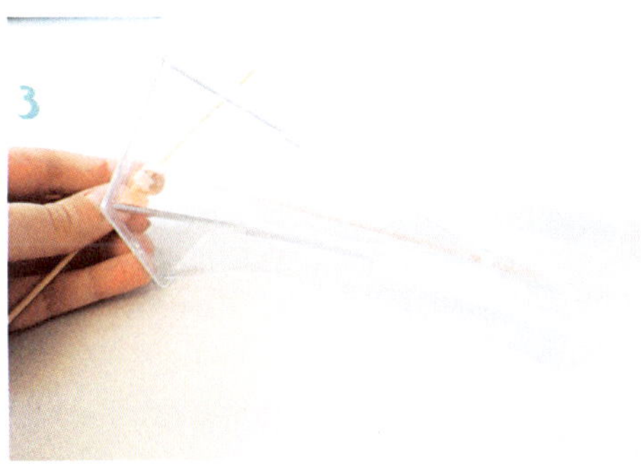

3. Nehmen Sie Ihre Gießform und fädeln Sie den Docht ein. Ihr Docht muss lang genug sein, dass er aus der Form herausragt und Sie ihn um ein Holzstäbchen wickeln können. So kann er für die Dauer der Bearbeitungszeit fixiert werden.

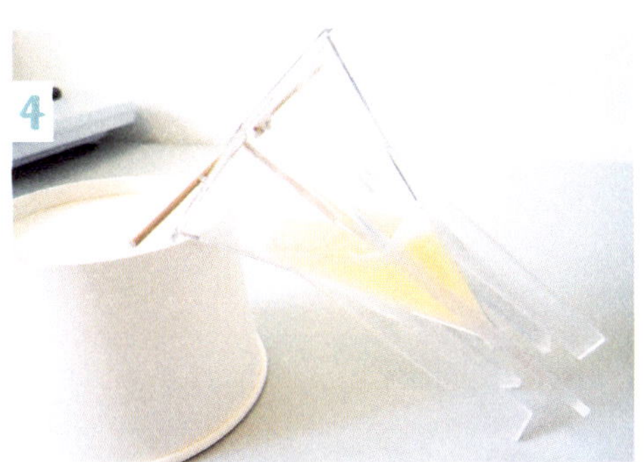

4. Gießen Sie das ungefärbte Wachs in Ihre Form. Bringen Sie die Form dann mithilfe eines passenden Objekts wie im Bild gezeigt in eine geneigte Position. Lassen Sie das Wachs kurz abkühlen. Stellen Sie währenddessen die beiden anderen Gläser zurück ins Wasserbad, um das Wachs flüssig zu halten.

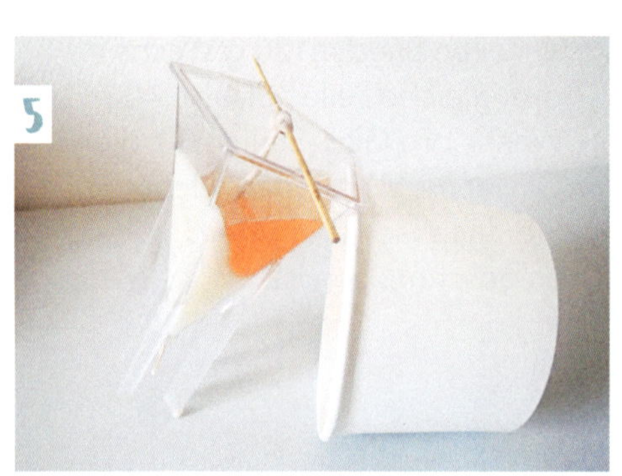

5. Sobald die erste Schicht Ihrer Kerze erstarrt ist, gießen Sie das rosa gefärbte Wachs in Ihre Form. Neigen Sie sie dieses Mal in eine andere Richtung.

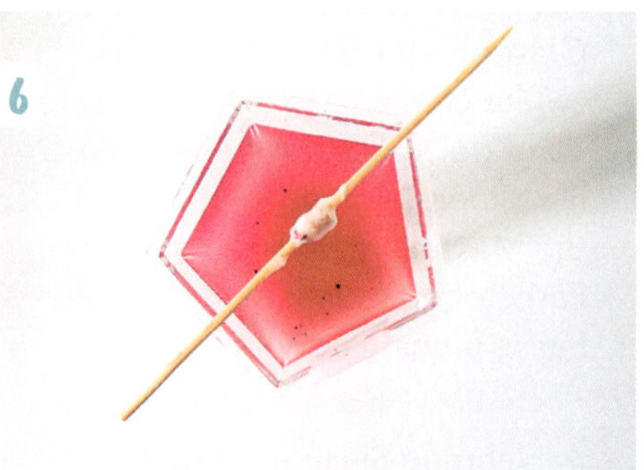

6. Sobald das Wachs fest geworden ist, stellen Sie die Form auf und gießen das lilafarbene Wachs hinein.

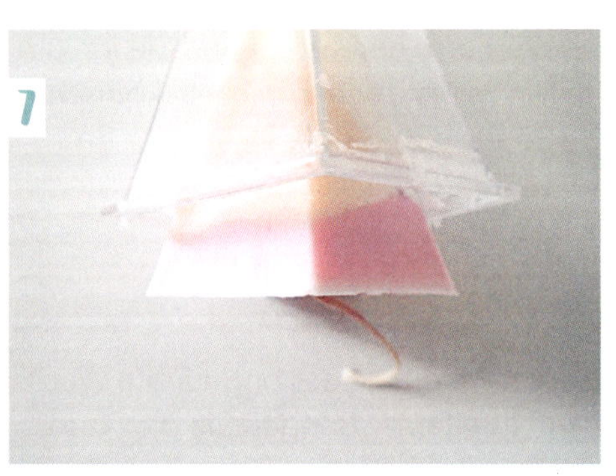

7. Nach 3 Stunden Ruhezeit können Sie Ihre Kerze aus der Form lösen. Drücken Sie leicht auf die Ränder der Form, damit sich die Kerze ablöst. Ziehen Sie vorsichtig am Docht auf der Unterseite der Kerze. Drehen Sie jetzt die Form um. Die Kerze sollte nun wie von selbst aus der Form gleiten. Fertig ist der neue Hingucker für Ihre Wohnung!

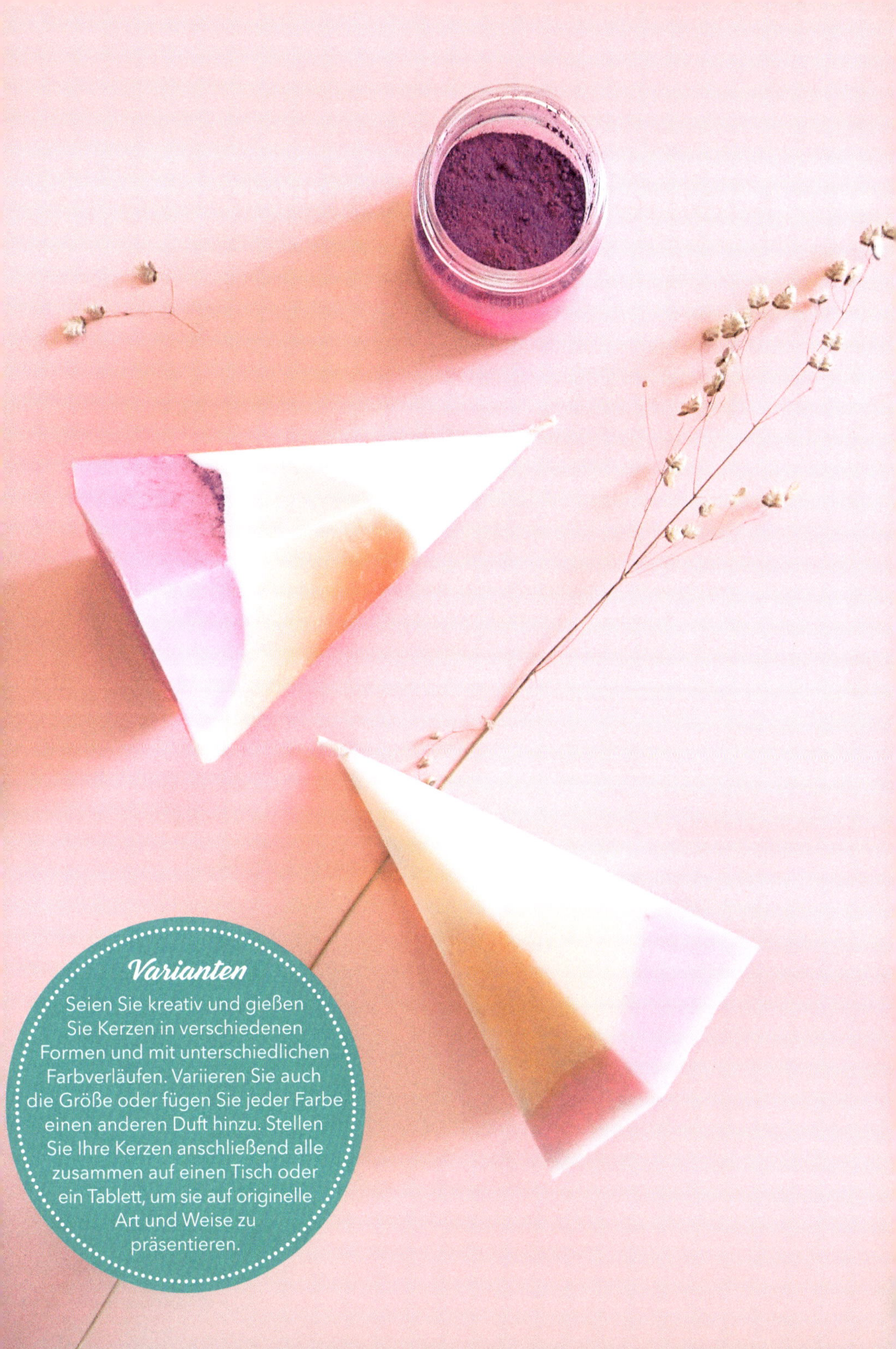
Varianten
Seien Sie kreativ und gießen Sie Kerzen in verschiedenen Formen und mit unterschiedlichen Farbverläufen. Variieren Sie auch die Größe oder fügen Sie jeder Farbe einen anderen Duft hinzu. Stellen Sie Ihre Kerzen anschließend alle zusammen auf einen Tisch oder ein Tablett, um sie auf originelle Art und Weise zu präsentieren.

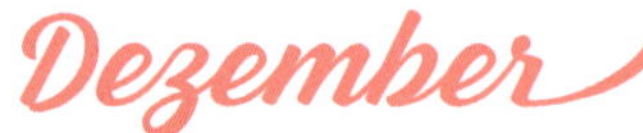

Dezember

Kleine Bienenwachskerzen

Weihnachten steht vor der Tür und es ist Zeit, an die kleinen Aufmerksamkeiten zu denken, die Ihren Lieben zu diesem besonderen Anlass Freude bereiten könnten. In diesem Rezept lernen Sie, mit Bienenwachs zu arbeiten und wunderschöne kleine Kerzen herzustellen, die sich bestens als Weihnachtsgeschenk eignen. Machen Sie doch ein Familienprojekt daraus: Auch die Kleinen werden daran ihre Freude haben!

MATERIAL

- mehrere Bio-Bienenwachsplatten mit Wabenmuster (41 x 13 cm)
- mehrere Baumwolldochte
- ein Cutter und ein Lineal
- Kordel (optional)

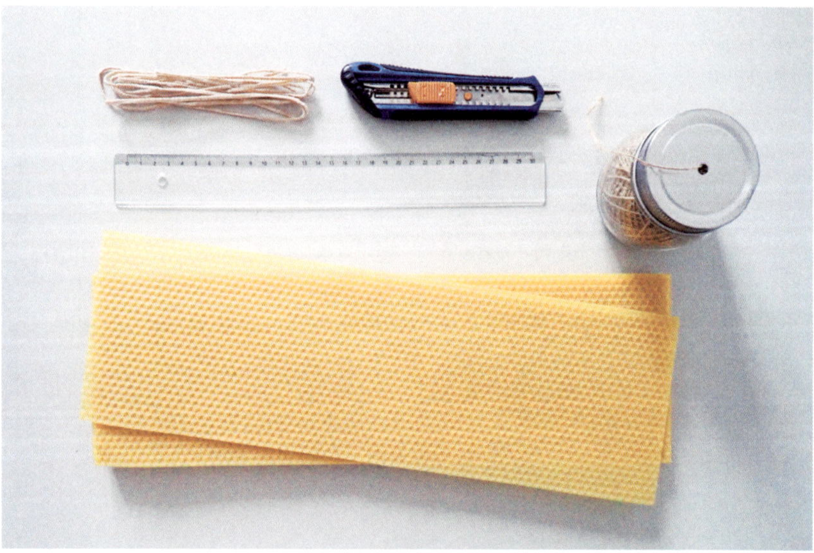

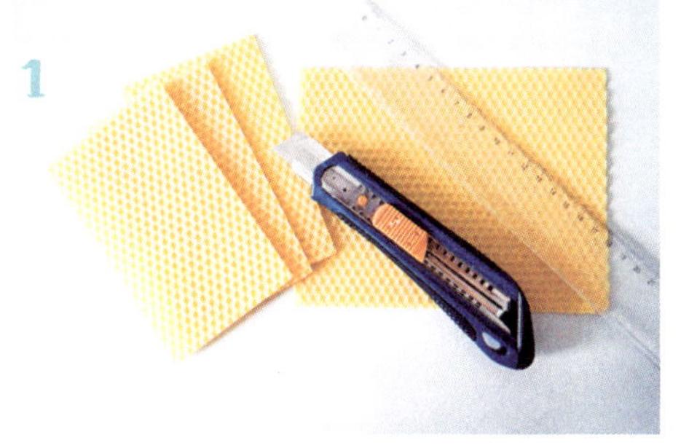

1. Legen Sie eine Ihrer Bienenwachsplatten vor sich hin und schneiden Sie mithilfe eines Cutters der Länge nach fünf 8 cm breite Streifen ab. Sie sollten nun 5 Wachsstücke haben, die etwa 8 cm breit und 13 cm lang sind.

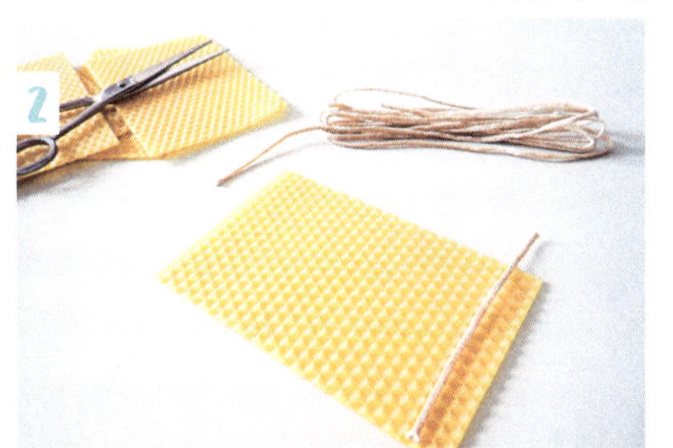

2. Bereiten Sie 5 Dochte mit einer Länge von 15 cm vor. Dies entspricht der Länge eines Wachsstreifens von 13 cm zuzüglich 2 cm. Drehen Sie einen Wachsstreifen mit der schmalen Seite nach unten und legen Sie den Docht am unteren Ende an wie gezeigt.

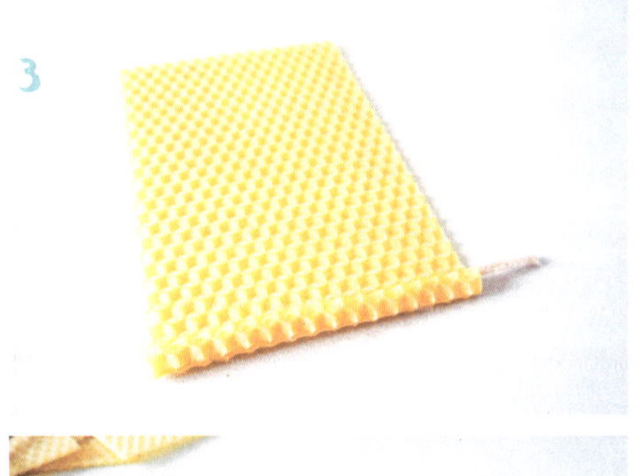

3. Falten Sie das untere Ende mit beiden Händen über den Docht. Das Wachs muss den Docht vollständig umschließen. Falls das Wachs zu starr ist und sich nicht falten lässt, erwärmen Sie es kurz in Ihren Händen, um es geschmeidiger zu machen.

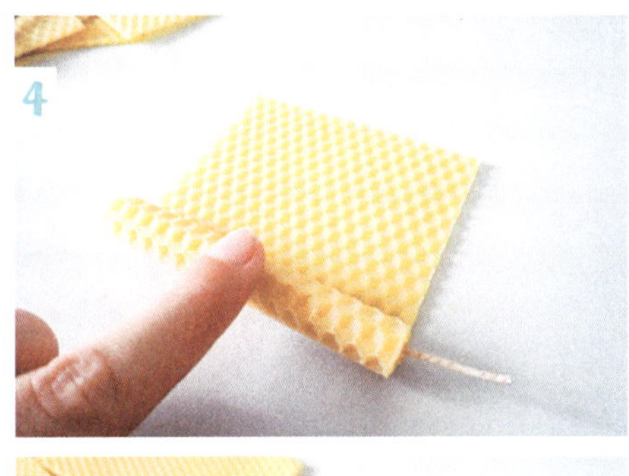

4. Rollen Sie jetzt den Wachsstreifen auf. Üben Sie dabei Druck auf das Wachs aus, damit zwischen den einzelnen Schichten kein Freiraum bleibt.

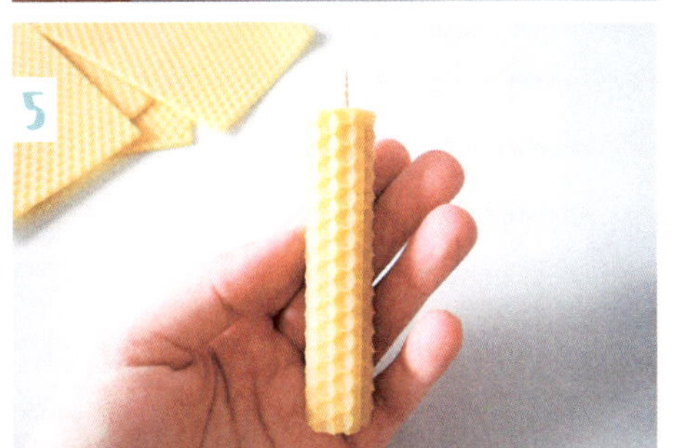

5. Sobald das Wachs vollständig aufgerollt ist, drücken Sie die Kante leicht an, damit der Abschluss unauffällig ist. Schneiden Sie den Docht so ab, dass er 1 cm übersteht. Bravo! Sie haben Ihre erste Bienenwachskerze fertiggestellt!

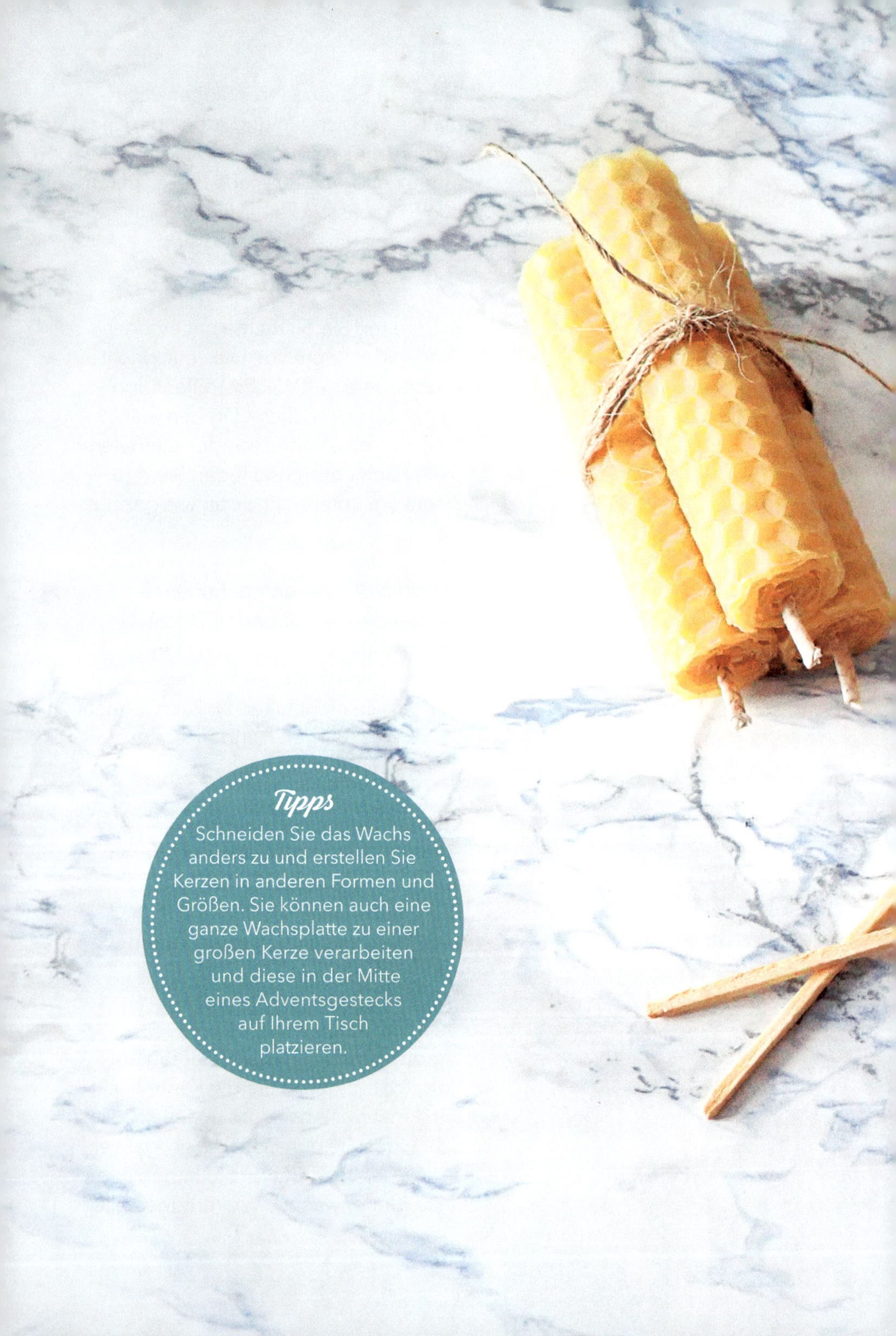

Tipps

Schneiden Sie das Wachs anders zu und erstellen Sie Kerzen in anderen Formen und Größen. Sie können auch eine ganze Wachsplatte zu einer großen Kerze verarbeiten und diese in der Mitte eines Adventsgestecks auf Ihrem Tisch platzieren.

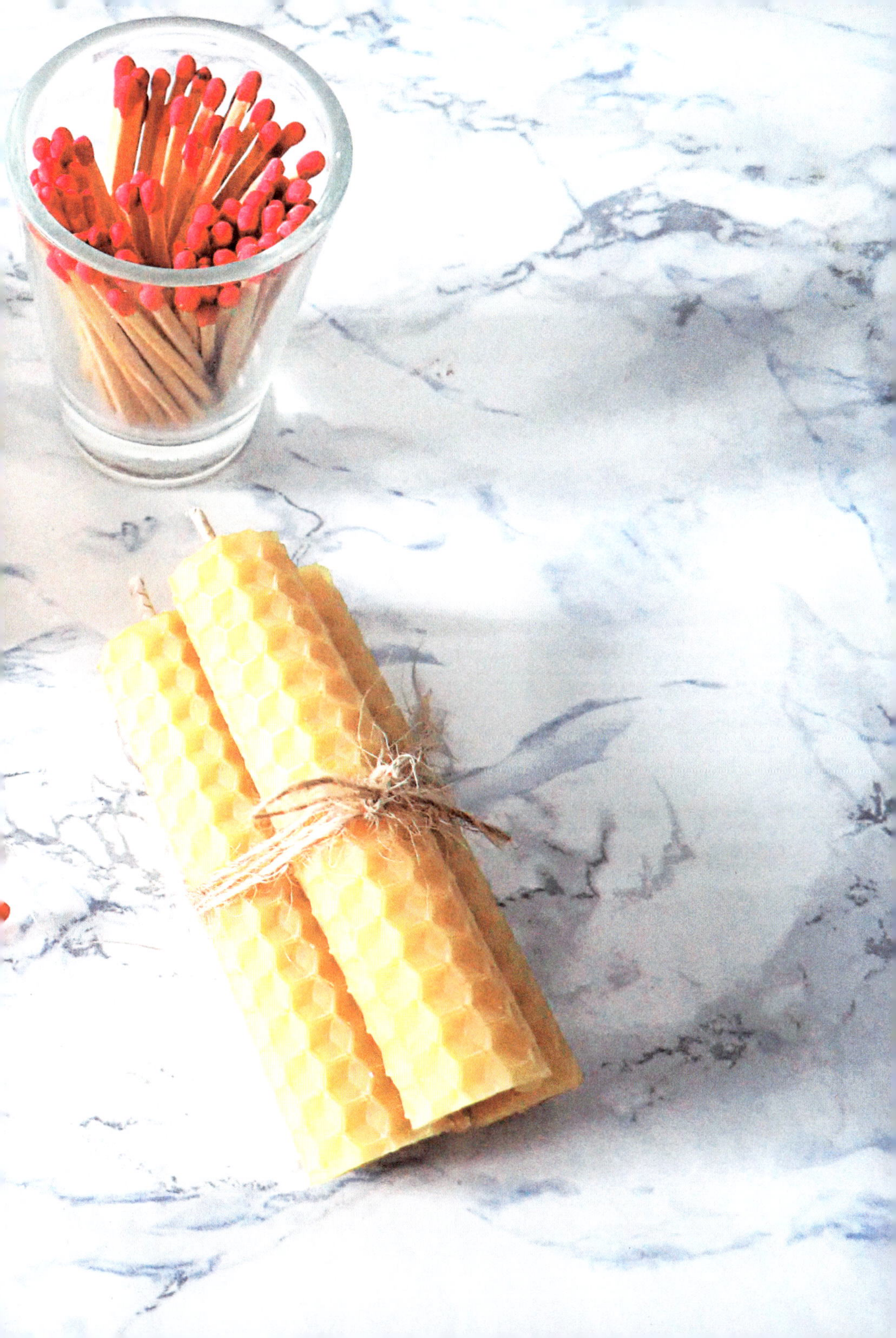

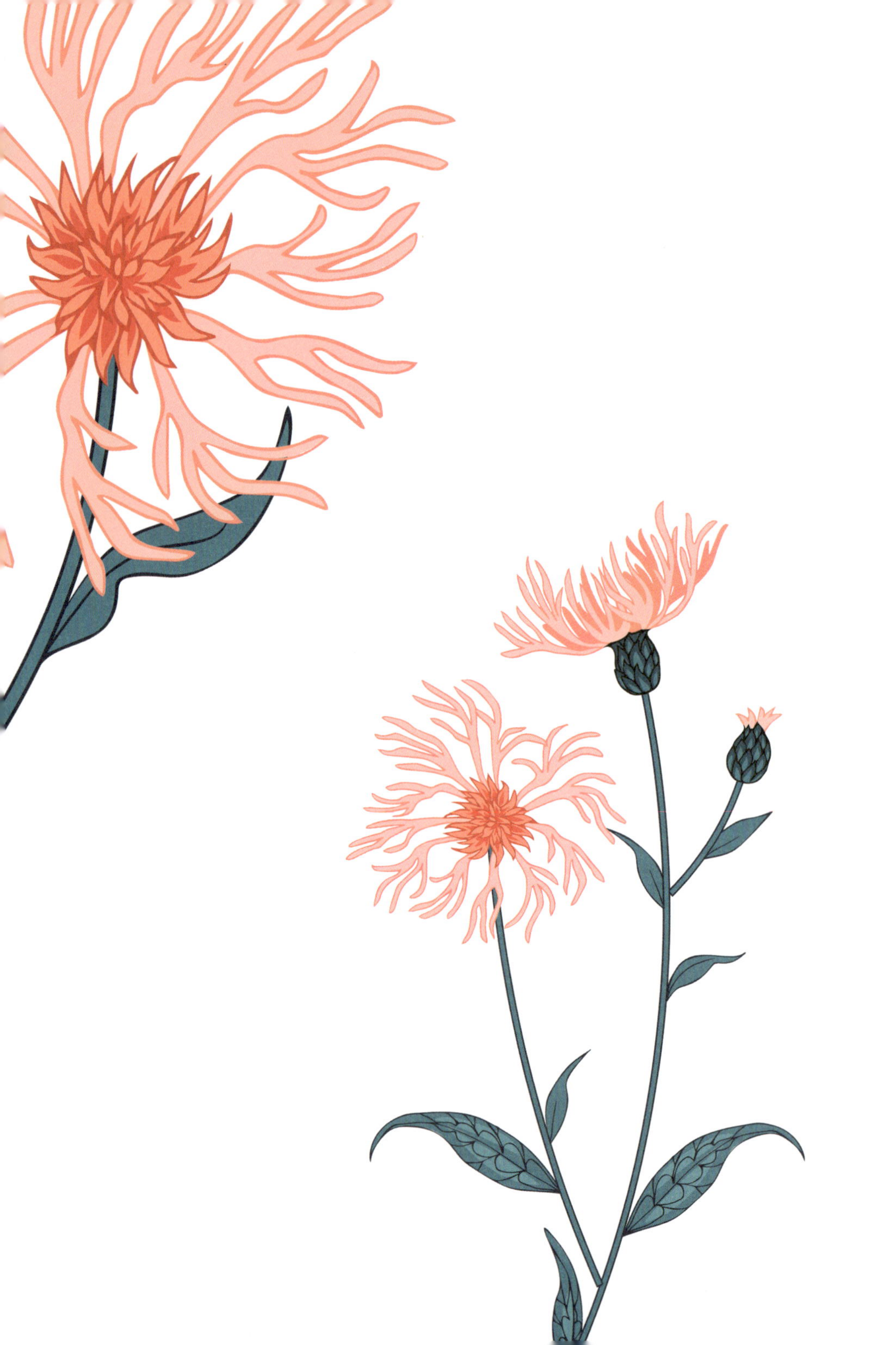

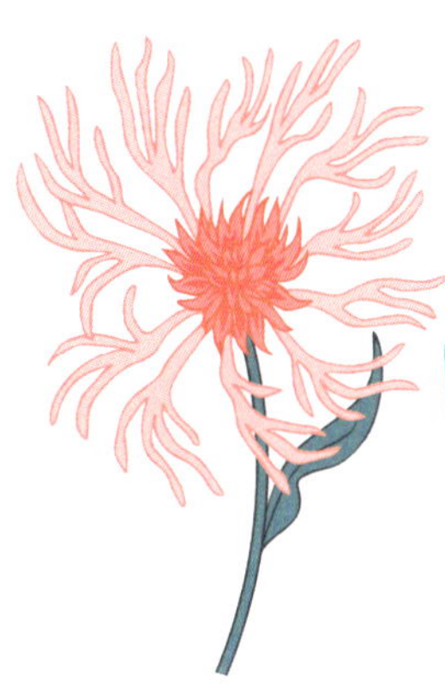

Düfte und Deko für jede Jahreszeit

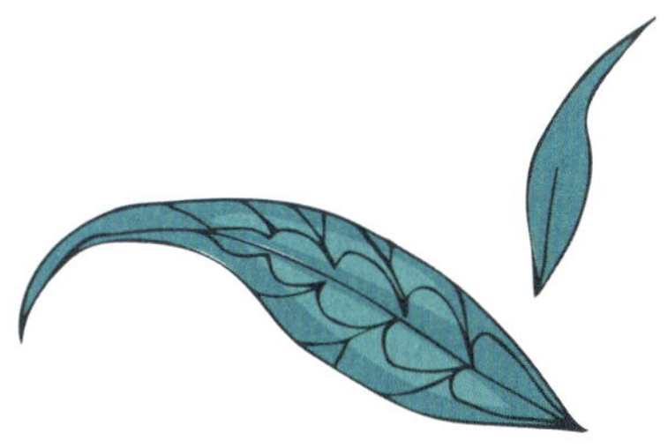

Frühling

Es blüht an allen Ecken und Enden und die warmen Sonnenstrahlen machen Lust auf einen Neuanfang! Die Frühlingsluft durchflutet das Haus und sorgt nach dem langen Winter für frischen Wind.

ÄTHERISCHE ÖLE

- **Grapefruit:** reinigend und beruhigend, intensives fruchtiges Aroma.
- **Bergamotte:** sorgt für Seelenruhe und Entspannung, feiner, süßer Duft.
- **Lavendel:** schmerzlindernd und beruhigend, floraler Duft. Ein Muss!
- **Rosmarin:** entschlackend und reinigend, frischer Duft.
- **Estragon:** wirksam gegen Allergien (Pollen, Heuschnupfen ...).
- **Ylang-Ylang:** aphrodisierend, hilft bei Angstzuständen, floraler, zarter Duft.
- **Damaszener-Rose:** aphrodisierend, äußerst angenehmer Rosenduft.
- **Geranie:** stark reinigend, floraler Duft.

BLUMEN UND PFLANZEN

- **Nelke:** Entscheiden Sie sich für kleine weiße Nelken oder nehmen Sie, falls Ihnen ein Farbtupfer lieber ist, kräftiges Rosa!
- **Kugeldistel:** Wählen Sie die kleinsten dieser himmelblauen Kugeln aus.
- **Rose:** Wählen Sie Blütenblätter und Knospen in den Farben Weiß, Rosa oder Blasslila.
- **Schleierkraut:** Es ist luftig leicht und strahlt Reinheit aus.
- **Hortensie:** getrocknete Blumen in den Farben Grün, Blau und Rosa.
- **Wildblumen:** Sammeln Sie die Blüten je nach Jahreszeit und trocknen Sie sie vor dem Gebrauch.

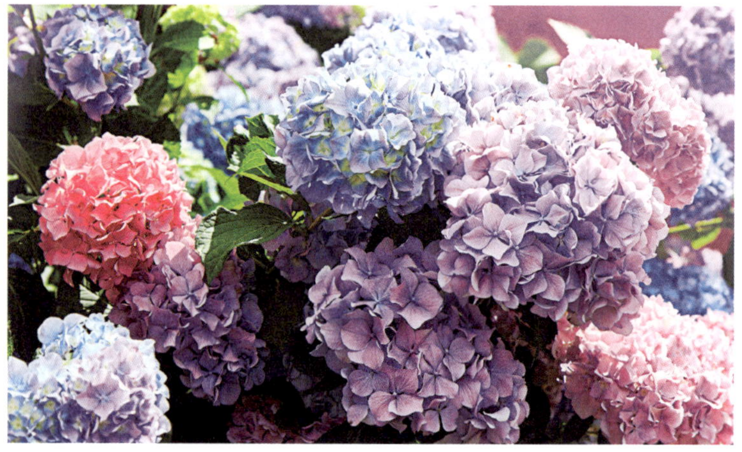

Sommer

Die Rückkehr des warmen Wetters tut uns gut, schiebt dunkle Gedanken weg und rückt alles ins rechte Licht. Endlich können wir abends wieder lange draußen sitzen und den Sternenhimmel bewundern.

ÄTHERISCHE ÖLE

- **Zitronengras:** wehrt Stechmücken ab und reinigt die Luft.
- **Zitronenverbene:** ein stimulierender Duft, der für gute Laune sorgt.
- **Pfefferminze:** stimulierend, wirksam gegen Kopfschmerzen, mentholischer Duft. Ein Muss!
- **Zitrone:** reinigende Eigenschaften für Innenräume, fruchtiger Duft.
- **Rote Mandarine:** sorgt für gute Laune und Entspannung, fruchtige Duftnoten.
- **Rosenholz oder Ho-Holz:** reinigend, hilft bei Angstzuständen.
- **Patschuli:** aphrodisierend und stimulierend, florale Duftnoten.
- **Kamille:** beruhigend, schlaffördernd, subtiler Duft.

BLUMEN UND PFLANZEN

- **Mandarine:** Die orangefarbenen Schalen setzen, sobald sie getrocknet sind, leuchtende Farbakzente.
- **Weizen, Hafer und Leinsamen:** Sie sind natürlich und zeitlos und sorgen für einen ländlichen Touch.
- **Freesie:** Sobald Ihr Strauß getrocknet ist, entfernen Sie die Blüten und die noch geschlossenen Knospen.
- **Lavendel:** Ob frisch geschnitten oder als getrocknetes Sträußchen: Lavendel sieht nicht nur gut aus, sondern verströmt auch einen betörenden Duft.
- **Eukalyptus:** Die silbrig-grünlichen Zweige verleihen Ihren Kompositionen das gewisse Etwas.

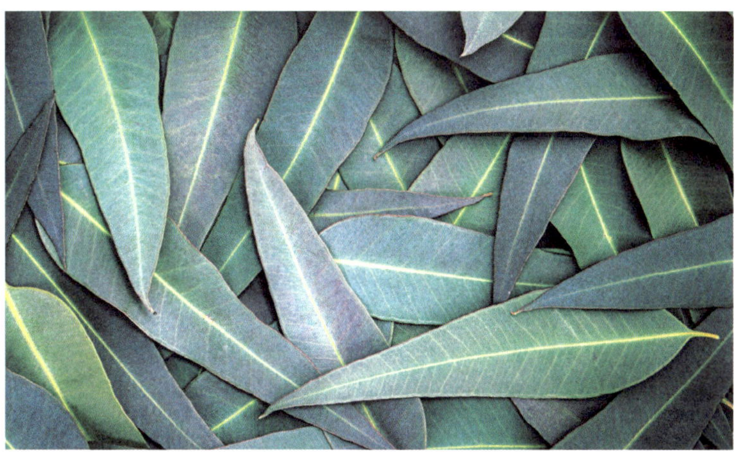

Herbst

Zeit für Dekorationen in warmen Ocker- und Goldtönen. Der Herbst ist die Verschnaufpause zwischen Hitze und Kälte und hilft uns dabei, uns auf das Wesentliche im Leben zu konzentrieren.

ÄTHERISCHE ÖLE

- **Palmarosa:** antibakteriell und reinigend.
- **Basilikum:** sagt Stress und Müdigkeit den Kampf an.
- **Gelbe Mandarine:** beruhigend, entspannend und schlaffördernd.
- **Schwarzfichte:** reinigend und belebend.
- **Ingwer:** kräftigend und aphrodisierend, frischer, würziger Duft.
- **Zypresse:** beruhigt die Atemwege, lindert Husten. Ein Muss!
- **Saro:** wirkt stark anregend, beugt Winterbeschwerden vor.
- **Ravintsara:** beruhigend, entspannend und schlaffördernd.

BLUMEN UND PFLANZEN

- **Strandflieder:** existiert in verschiedenen Farben. In Gelb und Weiß besticht er durch seine hübsche Trompetenform.
- **Chrysanthemenblüten:** In den Farben Gelb und Beige stehen sie für Glück und Wohlbefinden.
- **Eichenblätter:** Sie sind rot, wenn Sie sie vom Boden aufsammeln, und grün, wenn Sie sie frisch vom Baum pflücken.
- **Blaue und grüne Distel:** stachelig und ursprünglich.
- **Ringelblumenblüten:** leuchtend orange und faserig, das Tüpfelchen auf dem i für Ihre Kreationen.

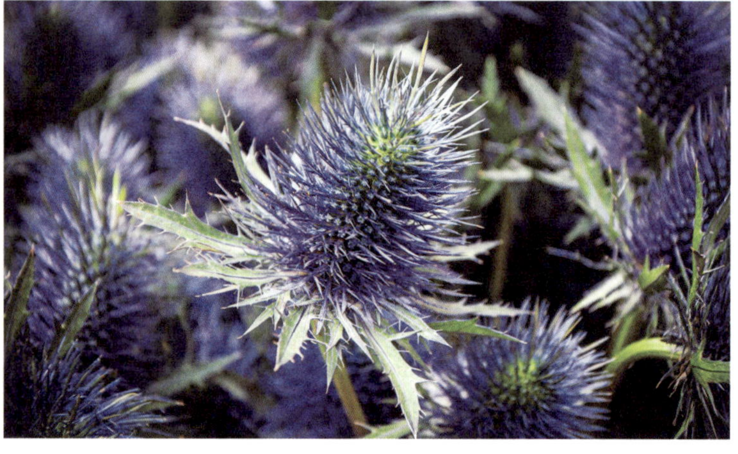

Winter

Kälte und Schnee stehen in dieser Jahreszeit auf dem Programm. Was könnte da schöner sein, als es sich am Kaminfeuer gemütlich zu machen? Jetzt ist es auch an der Zeit, Ihrem Körper etwas Gutes zu tun!

ÄTHERISCHE ÖLE

- **Orange:** schlaffördernd und stresslindernd, fruchtig.
- **Bitterorange:** löst Stress und Anspannung, fruchtiger Duft.
- **Teebaum:** entzündungshemmend, stark reinigende Wirkung. Ein Muss!
- **Thymian:** antiseptisch, unterstützt die Atmung und stärkt das Immunsystem.
- **Zimt:** belebende Wirkung, stärkt das Immunsystem.
- **Gewürznelke:** beruhigt und stärkt, intensives waldiges Aroma.
- **Eukalyptus:** antiseptisch, befreit schmerzende Atemwege, frischer Duft.
- **Waldkiefer:** entzündungshemmend, verbessert die Atemwegsfunktion.

BLUMEN UND PFLANZEN

- **Baumwollblüten:** weiß und fluffig, erzeugen den Effekt von Schnee.
- **Iris:** subtil und farbenfroh, werten Ihre Kreationen als Trockenblumen so richtig auf.
- **Zypressenzweige oder Kiefernnadeln:** ihre luftigen Formen ermöglichen schöne Effekte.
- **Orange und Clementine:** Die Schalen setzen, sobald sie getrocknet sind, leuchtende Farbakzente.
- **Nüsse:** originell und dekorativ, vor allem wenn sie ganz bleiben.

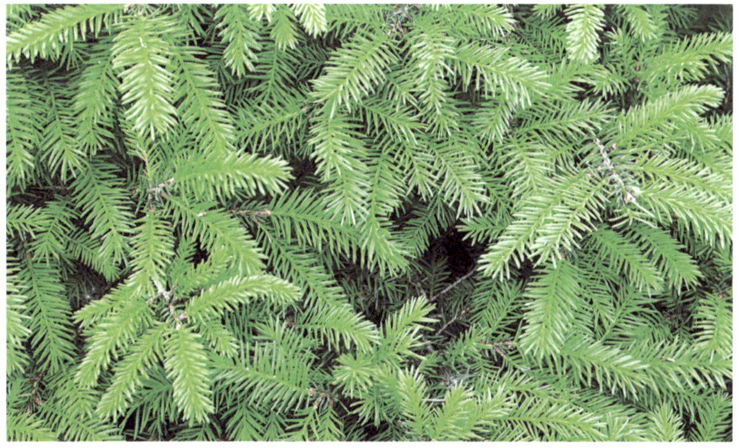

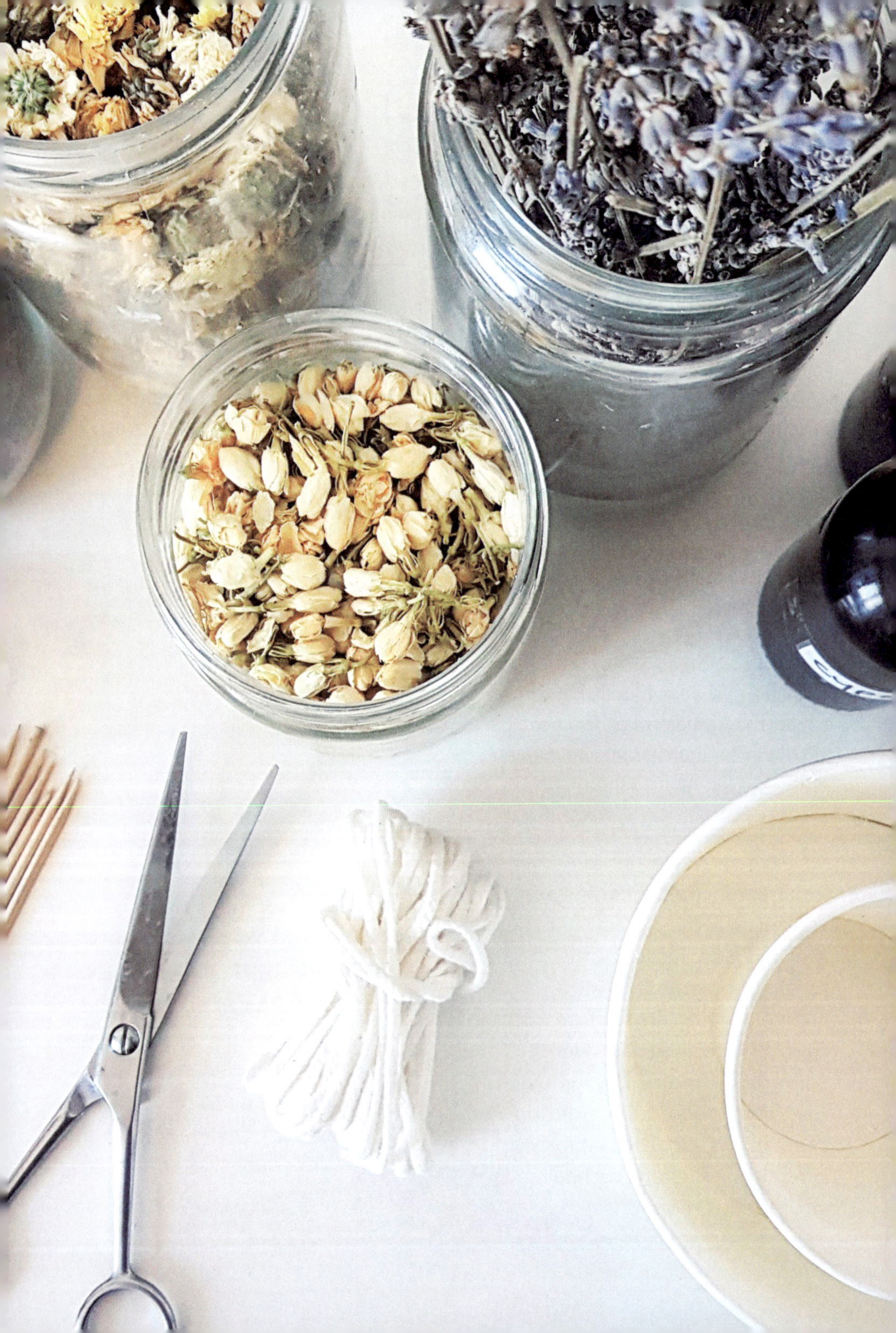

HIER WERDEN SIE FÜNDIG

- **Wachse und Dochte:** Die Website www.kerzenkiste.de verfügt über eine große Auswahl an Wachsen. Zudem ist eine Vielzahl von Dochten im Online-Shop verfügbar, die sich für alle Wachsarten eignen. Werfen Sie auch einen Blick auf das Zubehör (Formen und Behälter), um Ihre eigenen Rezepte umzusetzen.

- **Ätherische Öle, Pflanzenextrakte und natürliche Farbstoffe:** Auf der Seite www.aromaris.de finden Sie alles, was Ihr Herz begehrt. Der Shop bietet hochwertige Produkte und viele Bio-Varianten, um auch gehobenen Ansprüchen gerecht zu werden.

- **Formen:** Entscheiden Sie sich am besten für Silikonformen, aus denen sich die Kerzen ganz leicht herauslösen lassen. Ihre Kuchen- oder Schokoladeformen eignen sich ebenfalls. In Fachgeschäften für Konditoreibedarf werden Sie sicherlich fündig. Und versuchen Sie doch auch, Ihre eigenen Formen zu basteln. Dies ist mit Karton oder ausrangierten Frischhaltedosen problemlos möglich.

- **Trockenblumen:** Wohnen Sie mitten in der Natur? Schauen Sie sich in Ihrem Umfeld um und lassen Sie sich von den Jahreszeiten bei der Auswahl Ihrer Blumen und Blätter leiten. Hängen Sie sie kopfüber in einem dunklen und gut belüfteten Raum zum Trocknen auf. Wenn Sie keinen Garten haben und in der Stadt wohnen, haben diverse Websites das Richtige für Sie im Angebot. Blumen und Blätter finden Sie unter anderem auf www.bastelspass24.de oder www.etsy.com.

- **Früchteschalen:** Die Schalen von Zitrusfrüchten, wie zum Beispiel Orangen, Mandarinen, Clementinen oder Zitronen, zu trocknen, die Sie beim Händler Ihres Vertrauens kaufen, ist ganz einfach. Wählen Sie am besten Bio-Früchte aus, um sich vitaminreiche Säfte zu pressen, und heben Sie dabei die Schalen auf. Zerreißen Sie die Schalen mit Ihren Händen, um kleinere Stücke zu erhalten. Lassen Sie sie dann auf einem Stück Zeitungspapier an der Luft trocknen.

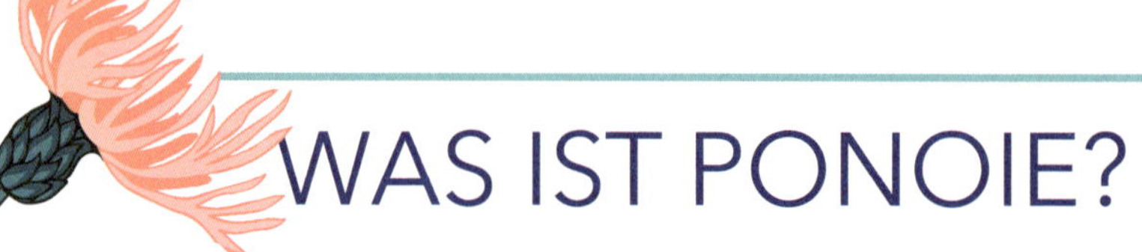

WAS IST PONOIE?

Vielen Dank, dass Sie dieses Buch gelesen haben. Gestaltet wurde es von der Kerzen-Boutique Ponoie in Paris. Wir hoffen, dass unsere Kreationen Sie dazu inspiriert haben, selbst einmal Kerzen herzustellen und einen natürlichen Weg zu persönlicher Wellness einzuschlagen.

Die Kerzen-Boutique Ponoie ist aus dem Wunsch heraus entstanden, zu Ursprünglichkeit und Einfachheit zurückzukehren und bewusster zu konsumieren. In unserem Atelier stellen wir zahlreiche Sorten von Bio-Kerzen, veganen Kerzen sowie natürliche Düfte her, um im Alltag unserer Kunden Impulse für mehr Gelassenheit zu setzen.

Unsere Kerzen werden von Hand mit pflanzlichen Elementen dekoriert, zum Beispiel mit getrockneten Bio-Blüten, Schalen von Bio-Früchten oder Tonerden, und sind bewusst schlicht gehalten, damit das Material selbst gut zur Geltung kommt. Sobald sie dann angezündet werden, lassen unsere Kerzen ihre Deko-Elemente durchscheinen. Die Natur entfaltet so ihre einzigartige Pracht.

Unser Sortiment ist abgestimmt auf verschiedenste Beschwerden, mit denen wir Stadtmenschen konfrontiert sind. In Kombination mit ätherischen Ölen in Bio-Qualität verwandeln sich unsere Kerzen in wahre Schätze für Ihr Wohlbefinden. Sie haben Halsschmerzen? Migräne? Einschlafprobleme? All diese Unpässlichkeiten motivieren uns tagtäglich bei unserer Arbeit. Das Anzünden einer Kerze kann dazu anregen, sich Zeit für sich selbst zu nehmen, einige Minuten lang zu entspannen und dadurch die persönliche Lebensweise insgesamt zu verbessern.

Unser Wunsch, das Leben ein kleines Stück zu verbessern, geht darüber jedoch noch hinaus. Wir legen sehr viel Wert darauf, natürliche lokal und biologisch angebaute Produkte zu verwenden. Der

Respekt für die Natur wird bei uns großgeschrieben. Daher verwenden wir beim Versand unserer Produkte auch nur so viel Verpackung wie nötig. Wir nutzen bevorzugt recycelbares Seidenpapier und Kordel aus natürlichem Hanfgarn, um unsere Kerzen zu verpacken.

Leider bieten diese Seiten nicht einmal ansatzweise genug Platz, um Ihnen zu zeigen, wie sehr wir unsere Arbeit lieben. Aber besuchen Sie doch unsere Website www.ponoie.com (in französischer Sprache), um mehr über uns zu erfahren!

Bis bald,
Ihr Ponoie-Team

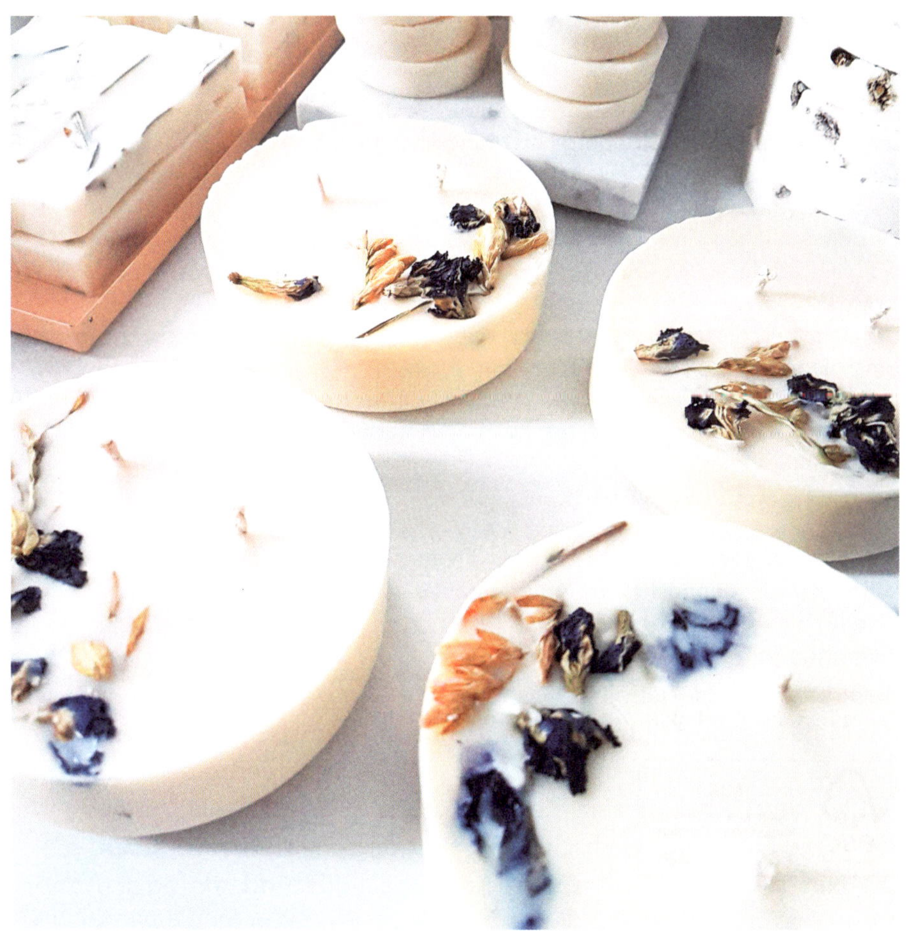

ISBN 978-3-8094-4549-4

1. Auflage

Die Originalausgabe erschien auf Französisch unter dem Titel *Do it nature. Bougies*

Texte und Fotos: © Justine Roty/Ponoie
Außer S. 72–75 sowie Illu-Motive Innenteil © Shutterstock

Projektleitung dieser Ausgabe: Dr. Iris Hahner
Umschlaggestaltung: Atelier Versen, Bad Aibling
Übersetzung: SAW Communications, Annegret Tripodi
Producing: SAW Communications, Redaktionsbüro Dr. Sabine A. Werner, Klein-Winternheim
Herstellung: Franziska Polenz

Penguin Random House Verlagsgruppe FSC® N001967

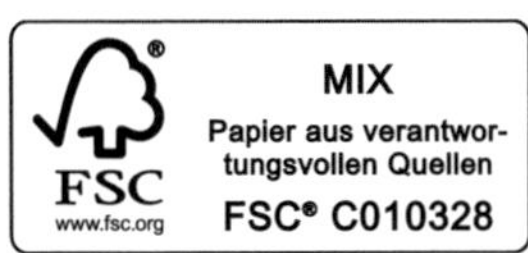

Druck und Bindung: Alföldi Nyomda Zrt., Debrecen

Printed in Hungary